AF360991

L'ORIGINE DES RELATIONS DE LA FRANCE
AVEC LA CHINE

LE
PREMIER VOYAGE DE « L'AMPHITRITE » EN CHINE

PAR

PAUL PELLIOT

(Extrait du *Journal des Savants*)

LIBRAIRIE ORIENTALISTE
PAUL GEUTHNER
13, RUE JACOB — PARIS VIᵉ
1930

LE
PREMIER VOYAGE DE « L'AMPHITRITE »
EN CHINE

LE
PREMIER VOYAGE DE « L'AMPHITRITE » EN CHINE

PAR

PAUL PELLIOT

(Extrait du *Journal des Savants*)

LIBRAIRIE ORIENTALISTE
PAUL GEUTHNER
13, RUE JACOB — PARIS VIᵉ
1930

INTRODUCTION

Le présent travail a paru d'abord dans le *Journal des Savants* de 1928 et 1929 ; en le publiant à part aujourd'hui, j'y ai corrigé les sérieuses fautes d'impression que mon absence avait laissé s'y glisser et je l'ai complété par des *Addenda* et un *Index*.

Si l'*Amphitrite* est, à notre connaissance, le premier navire français qui, de façon certaine, ait atteint les côtes de Chine, il ne s'ensuit naturellement pas que la France se soit abstenue jusque-là de toute activité en ce pays. Dès le début du xviie siècle, les missions de Chine comptent des Français comme Trigault, et le rôle des Français dans cet apostolat grandit singulièrement par la création de la Société des Missions Étrangères en 1660 et par l'envoi aux frais de Louis XIV, en 1685, de six Jésuites mathématiciens, dont cinq parvinrent en Chine et fondèrent en 1688 la fameuse mission française de Pékin. C'est même pour assurer le recrutement et les besoins de cette mission française que le P. Bouvet entreprit les négociations qui aboutirent à l'armement de l'*Amphitrite*. L'*Amphitrite* fit deux voyages à Canton en 1698-1700 et 1701-1703 ; je me suis surtout attaché à suivre ici les conditions dans lesquelles le premier voyage a été organisé et effectué. Il ne s'agit pas d'une étude complète, mais de la mise en œuvre de nombreux documents inédits et de la correction d'erreurs plus ou moins invétérées. Pour la première fois on trouvera ici des renseignements précis sur Jean Jourdan de Groucé, le fondateur de la Société qui acheta et arma l'*Amphitrite*. J'ai donné aussi, dans le dernier paragraphe, des informations nouvelles sur deux artistes que l'*Amphitrite* emmena et qui ont travaillé à Pékin, le frère Charles de Belleville et Giovanni Gherardini. Par une rencontre inattendue, ces renseignements permettent en même temps de déterminer le véritable auteur et, par suite, la date d'un autel et d'un retable qu'on admire en France même, dans l'Église de la Cité à Périgueux.

LE PREMIER VOYAGE DE L' « AMPHITRITE »

EN CHINE

[François Froger, *Relation du premier voyage des François à la Chine fait en 1698, 1699 et 1700 sur le vaisseau « L'Amphitrite »*, herausgegeben von E. A. Voretzsch. Un vol., in-8°, xvi + 187 p. Leipzig, Verlag der Asia Major, 1926.]

I

Le premier vaisseau français dont on sache de façon certaine qu'il fit le voyage de la Chine [1] est l'*Amphitrite*, bâtiment de 500 tonneaux, qui, sous le commandement du chevalier de la Roque, partit de La Rochelle le 6 mars 1698, mouilla dans la rivière de Canton le 2 novembre 1698 [2], en repartit le 26 janvier 1700 et rentra au Port-Louis le 3 août 1700 [3]. Six

1. Les réserves qu'ont faites à ce sujet Gabriel Marcel et M. H. Froidevaux dans les comptes rendus de 1902 dont il sera bientôt question me paraissent inopérantes, malgré l'assentiment que Dahlgren leur a donné en 1909 (*Les relations commerciales et maritimes entre la France et les côtes de l'Océan Pacifique*, t. I [seul paru], Paris, 1909, in-8, 111. [Cf. les *Addenda*.]

2. Le P. Bouvet, le P. de Broissia et le peintre Gherardini avaient débarqué dès le 31 octobre ; les autres missionnaires quittèrent le navire le 5 novembre ; la date du 4 novembre que les *Notices* du P. Pfister indiquent pour l'entrée en Chine de tous les missionnaires n'est donc pas absolument exacte.

3. Pour le départ de La Rochelle, les textes donnent tantôt le 6, tantôt le 7 mars (Gherardini dit le 7 mars ; de même l'*Abrégé* du *Journal* du commandant, le chevalier de la Roque) ; on mit en réalité à la voile le 6, mais le vent tomba quelques heures après, et il fallut mouiller jusqu'au lendemain. Dans l'ouvrage de M. Madrolle dont je parle plus loin, les dates du

mois plus tard, l'*Amphitrite*, commandée cette fois par Froger de la
Rigaudière qui était un des seconds capitaines lors du premier voyage,
repart de Port-Louis (7 mars 1701), arrive presque en vue de Macao le
5 août, perd trois mois à l'entrée de la rivière de Canton, se rend à la baie
de Kouang-tcheou-wan où elle reste du 16 novembre 1701 au 6 mai 1702,
mouille à Whampoa le 26 mai, en repart le 1er novembre, quitte Macao
le 5 décembre et entre enfin dans le port de Brest le 17 août 1703[1].

C'est du premier voyage que je m'occuperai au cours du présent travail.
Quant au second, il est surtout connu par un récit que M. Claudius
Madrolle a publié en 1901, non sans de nombreuses coupures et des chan-
gements de texte, dans *Les premiers voyages français à la Chine*, en indi-
quant comme auteur un des seconds du navire, « Bouvet de la Touche », « un
vétéran des mers des Indes » (pp. VII, 56)[2]. Dans leurs comptes rendus
du livre de M. Madrolle, cette attribution a été acceptée tacitement par
Gabriel Marcel, et expressément par M. Henri Froidevaux qui qualifie
Bouvet de la Touche de « lieutenant de vaisseau »[3]; on la retrouve dans
E. W. Dahlgren, *Les relations commerciales et maritimes*, p. 150, et dans
Belevitch-Stankevitch, *Le goût chinois*, p. 66 et suiv. Mais le manuscrit de la
Bibliothèque Nationale dont s'est servi M. Madrolle (Mss. fr., n^lles acq., 2086 ;
il a appartenu à l'avocat général Joly de Fleury, puis a été aux Archives

premier voyage de l'*Amphitrite* (p. LXXIII) sont défigurées par une série de fautes d'impression. Pour l'intérêt que suscita ce départ, voir les lettres indiquées dans Belevitch-Stankevitch, *Le goût chinois en France au temps de Louis XIV*, Paris, 1910, in-8, 55, n. 2.

1. M. Madrolle, à la p. LXXIV, indique bien le 17 août 1703 pour le retour de l'*Amphitrite*
à Brest, mais le texte du *Journal*, tel qu'il le publie, a formellement le 17 septembre (p. 267)
et ceci semblerait confirmé par un événement antérieur du « 29 aoust » à la p. 266. En réalité
ces dates ne sont pas dans le mss., mais ont été suppléées par M. Madrolle d'après les indications chronologiques des marges, qu'il a mal lues. La date du 17 août 1703 est d'ailleurs
confirmée par un mémoire portant la signature autographe du commandant de l'*Amphitrite* et
où il est dit à deux reprises (*in fine*) que l'*Amphitrite* a désarmé à Brest en août 1703 (Arch. Col.,
C¹ 18, ff. 6-53), ainsi que par une lettre de Fr. Froger de Brest, 20 août 1703, sur laquelle je
reviendrai plus loin, et qui prouve que l'*Amphitrite* était arrivée à Brest avant cette date.
Mlle Belevitch-Stankevitch (*Le goût chinois*, 70) indique le 11 août 1703 pour le second retour
de l'*Amphitrite*, sans doute par inadvertance.

2. *Les premiers voyages français à la Chine, La Compagnie de la Chine 1698-1719*, Paris,
Challamel, 1901, gr. in-8, VIII + LXXXI + 287 pages, avec 5 pl. hors texte; l'ouvrage n'a été
tiré qu'à cent exemplaires; c'est un peu une œuvre de jeunesse, où il y a beaucoup à corriger.

3. *T'oung Pao*, 1902, 252-255; *Quest. diplom. et colon.*, XVI [1903], p. 431. Si, par « lieutenant de vaisseau », M. Froidevaux a entendu lieutenant de vaisseau de la marine royale, je dois
faire remarquer que Bouvet de la Touche ne paraît pas dans les listes de l'*Alphabet Laffilard*
(Arch. Nat., C¹ 161).

Nationales) est anonyme, le nom de Bouvet de la Touche n'y apparaît nulle part, et M. Madrolle a négligé de nous dire sur quoi il fondait son attribution et où il avait trouvé des indications sur le « vétéran » qu'il indique comme l'auteur de la relation [1]. Quelques informations supplémentaires sur ce second voyage de l'*Amphitrite* sont à glaner dans une lettre du P. du Tartre datée de Canton, 17 décembre 1701, insérée dans le 3e recueil des *Lettres Édifiantes*; M. Madrolle a déjà renvoyé à celle du P. de Fontaney qui se trouve dans le 8e recueil de la même collection [2]. Enfin Mlle Belevitch-Stankevitch (*Le goût chinois en France*, 64-71) a utilisé beaucoup de documents nouveaux.

Pendant longtemps, le premier voyage de l'*Amphitrite* n'a été connu que par le récit, plus littéraire que précis, du peintre modénois Giovanni Gherardini, « *Relation du Voyage fait à la Chine sur le Vaisseau l'Amphitrite, en l'année 1698*. Par le Sieur Gio Ghirardini, Peintre Italien. A Monseigneur le Duc de Nevers. A Paris, Chez Nicolas Pepie, rue S. Jacques au grand saint Basile. M. DCC. Avec permission », petit in-8 de 5 ffnch + 94 pages ; c'est la reproduction d'une lettre que « Gio : Gherardini » écrivit de Canton au duc de Nevers le 20 février 1699. L'ouvrage connut un certain succès et eut plusieurs éditions coup sur coup [3].

---

1. Il s'agit en tout cas d'un officier qui avait sur l'*Amphitrite* un rang assez élevé, vraisemblablement second capitaine. Un « De Latouche Jourdan » était en Chine en 1703-1704 comme capitaine en second soit du *François* (ou *Saint-François*), soit plus probablement du *Chancelier* (ou *Chancelier de France* = Pontchartrain) commandé par Nouel des Antons (cf. Arch. des Col., C¹ 18, ff. 114 suiv., lettre de Laugier du 22 septembre 1704); je ne sais s'il a rien de commun avec le Bouvet de la Touche de M. Madrolle.

2. M. Madrolle n'a pas eu connaissance d'un manuscrit du second voyage de l'*Amphitrite*, « Journal du Voyage à la Chine fait dans les années 1701, 1702 et 1703 », dont la mention est perdue dans la *Bibl. Sin*² 1049 sous la rubrique « Amiot »; il s'agit bien probablement d'une autre copie du même récit que contient le mss. de la Bibliothèque Nationale, lequel a exactement le même titre ; peut-être les noms propres y seraient-ils plus corrects. Ce second manuscrit faisait partie de la bibliothèque de l'école Sainte-Geneviève, et a donc dû être transporté au collège de Canterbury avec le reste de cette bibliothèque lors de l'expulsion des congrégations ; mais la bibliothèque a quitté Canterbury il y a quelques années, et je ne sais où elle se trouve actuellement. La description donnée du mss. de la Bibl. Nat. dans le *Catalogue* («*Journal du voyage de la Chine fait dans les années 1701, 1702 et 1703*, par le P. Fontenay et autres PP. Jésuites ») n'est pas très heureuse ; le P. de Fontaney ne fut passager qu'à l'aller, et c'est à proprement parler le *Journal* d'un officier de l'*Amphitrite* racontant le voyage dans les deux sens.

3. Cf. *Bibl. Sin*², 2089-2091. Je crois que Cordier a renversé l'ordre des éditions de 1700 et que celle de Nic. Pepie est la première ; le permis d'imprimer en est du 20 mars 1700. La signature y est donnée sous la forme Gherardini, que je crois correcte, bien qu'on ait Ghirardini sur la feuille de titre, et Girardini dans l'Avertissement. Aux éditions indiquées par Cordier, il faut ajouter : 1° « *Relation* ... Ghirardini, peintre italien. Sur l'imprimé à Paris, chez

En 1859 seulement, un Anglais, Saxe Bannister, publia un tout autre récit du premier voyage de l'*Amphitrite*, traduit par lui en anglais d'après « un manuscrit inédit », *A Journal of the First French Embassy to China, 1698-1700*, Londres, Thomas Cautley Newby, 1859, in-8, IV + CLIV + 254 pages ; le récit de voyage n'occupait qu'une partie du livre, et le souci de Saxe Bannister n'était pas la recherche érudite, mais bien « the friendly disposition of the Chinese Government and People to Foreigners » ; en d'autres termes, au moment même où l'Angleterre et la France étaient en lutte avec la Chine, Saxe Bannister employait la relation de l'*Amphitrite* comme arme contre le cabinet[1]. Saxe Bannister ne fournit pas d'indication précise sur son manuscrit français anonyme et le sort ultérieur en est inconnu. M. Madrolle, qui a donné une version française abrégée de l'édition anglaise de 1859[2], a dit que l'original français en avait été composé

Nic. Pepie, et se vend à Nantes, chez Jacques Mareschal, 1700 », in-12, 2 ffnch + 41 pages. Un exemplaire en est à la Bibl. de Nantes (cf. le *Cat. méthod.* de Péhant, t. IV [1867], n° 34464). 2° Ce qui restait de l'édition Pepie, 1700, fut joint, avec la feuille de titre ancienne, comme seconde partie d'un ouvrage que le libraire Th. Guillain fit paraître à Paris en 1702 sous le titre de *Les remarques sçavantes et curieuses sur divers Sujets. Avec une Relation d'un Voyage de la Chine.* 3° Une traduction italienne annotée de la *Relation* a été faite par Michelangelo Gualandi et publiée à Bologne, Società Tipografica Bolognese, en 1854 sous le titre de *Relazione di un riaggio fatto alla China nel 1698* (M. Voretzsch, p. IV, croit à tort que toutes les éditions sont en italien) ; le traducteur a bien adopté l'orthographe Gherardini, qui est aussi toujours celle de Froger et qui est confirmée, on le verra plus loin, par une lettre du peintre lui-même. Les informations concernant Gherardini n'ont été groupées jusqu'ici que très incomplètement ; j'y reviendrai à la fin du présent travail. Dans un passage que M. Madrolle n'a pas reproduit, le *Journal* dit de Bouvet de la Touche (p. 9), en parlant de Gherardini, ajoute « au nom duquel le R. P. Prémare a fait imprimer une relation de voyage, dédiée à M. le duc de Nevers ». On ne voit pas bien comment entendre une telle information. Prémare, parti avec Gherardini sur l'*Amphitrite* en 1698, était encore à Canton en février 1699, mais s'est rendu au Kiangsi dans le courant de cette même année. On pourrait bien supposer à la rigueur que Prémare aida l'Italien dans la rédaction de sa longue lettre française au duc de Nevers datée du 20 février 1699 (si toutefois elle ne fut pas rédigée en italien, puis traduite en France) et en écrivit à Paris pour recommander l'impression ; mais il n'y a en tout cas rien à ce sujet dans la lettre de Prémare, datée de Canton, 17 février 1699, qui a été insérée dans le 2ᵉ recueil des *Lettres édifiantes*. Mon impression, à vrai dire, est que le soi-disant Bouvet de la Touche veut dire que la lettre de Gherardini *est* de Prémare et que son « au nom duquel » équivaut à « sous le nom duquel ». Mais c'est, semble-t-il, peu admissible, et l'Italien seul a pu composer, adapter ou citer les nombreux vers italiens qui occupent un tiers de la lettre.

1. C'est peut-être là aussi la raison qui fit projeter une édition française de l'ouvrage de Saxe Bannister, annoncée à Paris chez Benjamin Duprat en 1860, mais elle n'alla pas au-delà de l'impression du titre. Comme cette édition française devait reproduire également, en traduction, l'essai sur les dispositions amicales des Chinois, il n'est pas absolument sûr que le *Journal* lui-même n'y eût pas été une retraduction de l'anglais.

2. M. Madrolle, tout en se reportant plus ou moins au texte anglais de Saxe Bannister, a surtout suivi une mauvaise traduction française manuscrite de 1862 qui se trouve à la Biblio-

« soit par l'officier de bord Filye, soit plus probablement par l'enseigne de Lagrange » (p. VI), mais cette fois encore s'est abstenu de nous faire connaître les motifs de son opinion. M. Froidevaux a admis sans réserve que l'auteur était de Lagrange. Récemment M. Voretzsch, aujourd'hui ambassadeur au Japon, mais hier encore ministre d'Allemagne à Lisbonne, a trouvé à la Bibliothèque d'Ajuda un manuscrit français accompagné de quinze plans et d'un routier avec profils côtiers, le tout intitulé *Relation du premier voyage des François à la Chine présenté a Monseigneur le comte de Pontchartrain*, et dont l'auteur signait la dédicace « F. Froger » [1]; or, cette *Relation* est l'ouvrage même dont Saxe Bannister avait eu une copie parfois divergente et qui n'est donc ni de Filye ni de Lagrange.

F. Froger ou, pour lui donner son nom complet qui reparaît ailleurs, François Froger n'est pas inconnu. En 1695-1697, il avait accompagné l'escadre de M. de Gennes sur la côte orientale de l'Amérique du Sud, et s'était fait, sans en être prié d'ailleurs, l'historiographe de cette entreprise avortée, dans son intéressante *Relation d'un voyage Fait en 1695. 1696. & 1697. aux Côtes d'Afrique, Détroit de Magellan, Brezil, Cayenne & Isles Antilles, par une Escadre des Vaisseaux du Roy, commandée par M. de Gennes,...* « imprimée par les soins & aux frais du sieur de Fer, Geographe de Monseigneur le Dauphin », Paris, 1698, in-12 : l'ouvrage est dédié au secrétaire d'État « Phelippeaux comte de Maurepas », surintendant général de la marine ; le privilège, au nom de de Fer, est du 15 octobre 1697. L'ouvrage de Froger fut très lu ; M. Voretzsch n'a parlé que de deux éditions, d'après Brunet, mais celui-ci en indique trois, et il y en eut en fait davantage : Sabin énumère celles de Paris, 1698 (dont des exemplaires portent 1699) ; d'Amsterdam, 1699 ; de Paris, 1700 ; de Lyon, 1702 ;

thèque Nationale (mss. fr., n^{lles} acq., n° 9378); une erreur de cette traduction, en lui faisant modifier la composition de l'état-major de l'*Amphitrite*, a eu quelque répercussion sur l'introduction de M. Voretzsch. Par ailleurs, l'imprécision de l'Avant-Propos de M. Madrolle a fait croire à M. Voretzsch que M. Madrolle donnait son texte français d'après l'édition française de 1860 qui, en fait, n'existe pas.

1. Aux archives du Service hydrographique de la marine, on a encore de Froger les documents suivants se rapportant au voyage de l'*Amphitrite*, et dont M. Madrolle n'a rien dit p. LXIX :

Portefeuille 179 *bis*, Div. 12, n°s 2 et 2¹ : Deux copies d'un plan de la rade de Macao, dont un avec le nom de Froger ; une vue de Macao signée F. Froger.

Portefeuille 198, Div. 1, n°s 2 et 2¹ : Deux exemplaires d'une carte de la rade d'Achen (avec la route de l'*Amphitrite* en 1698), par F. Froger.

Portefeuille 199, Div. 8, n°s 3 et 3¹ : Brouillon signé F. Froger et copie au net non signée d'un plan de la rade de Malacca (la route de l'*Amphitrite* y est marquée).

Tous ces plans et cartes se retrouvent dans le mss. de la bibliothèque d'Ajuda.

d'Amsterdam, 1702; d'Amsterdam, 1715 (sous le titre de *Relation d'un voyage de la mer du Sud*, etc.) ; enfin une traduction anglaise, *A relation of a voyage*. etc., de Londres, 1698.

Les grands dictionnaires biographiques ne savent pas grand'chose de François Froger. La *Nouvelle biographie générale* de Didot, dans un article signé A. de Lacaze, le dit né en 1676, encore vivant en 1715, et ne parle que de son voyage sur l'escadre de de Gennes. L'article de la *Biographie Michaud*, signé E-s (Eyriès?), ajoute à la date de naissance de 1676 l'indication que ce fut à Laval. Ni l'un ni l'autre article ne disent rien du voyage en Chine. Le seul ouvrage à en avoir parlé est le *Manuel du Libraire*[5], où Brunet a inséré la note suivante dûment relevée par M. Voretzsch : « Froger avait rédigé la relation d'un voyage qu'il avait fait sur l'*Amphitrite*, de 1698 à 1700, et qui avait principalement pour but les côtes de la Chine. Cette relation, présentée à M. de Pontchartrain, allait être mise sous presse, à Paris, lorsque la mort du libraire Barbin fils, arrivée en 1701, en empêcha l'impression. Le même officier ayant été nommé commandant de la flûte l'*Amazone*, s'embarqua sur ce navire, le 7 septembre 1704, et fit voile pour la côte du Sénégal, mais on ignore ce qu'il devint ensuite. Je possède une correspondance fort curieuse de cet ingénieur avec Nicolas Thoinard. » Les papiers de Thoinard (1629-1706) étaient un des trésors de Brunet, et leur description constitue la partie essentielle, avec 62 lettres de Rousseau à Mme d'Epinay et le manuscrit des mémoires de la comtesse d'Epinay, du *Catalogue des autographes précieux provenant de la bibliothèque de feu M. Jacques-Charles Brunet* vendus à la salle de la Rue des Bons-Enfants le 19 décembre 1868. Comme ce *Catalogue*, dû à Étienne Charavay, est rare, je ne crois pas inutile de reprodüire ici les deux paragraphes concernant les lettres de Froger (pp. 21-22) :

> 34. **Froger** (François), célèbre voyageur et ingénieur habile,... né 1676, m. après 1715.
>
> 48 l. a., dont 3 seulement sont signées; La Rochelle et Brest, 1698-1704, environ 80 p. in-4.
>
> Dans la première lettre, de La Rochelle, 3 mars 1698, il annonce son départ prochain[1] ; le 3 juin suivant il écrit à Thoynard du cap de Bonne-Espérance et lui narre les détails de la traversée[2]. Rentré à Brest[3], c'est de là qu'il date les

1. L'*Amphitrite* quitta, en effet, La Rochelle le 6 mars 1698.
2. L'*Amphitrite* resta mouillée au Cap du 31 mai au 10 juin.
3. L'*Amphitrite* était revenue à Port-Louis près de Lorient le 3 août 1700; je ne sais les raisons qui firent « rentrer » Froger à Brest ; peut-être y avait-il séjourné auparavant, après que l'escadre de M. de Gennes fut revenue en 1697 à La Rochelle.

44 lettres suivantes. Froger donne à Thoynard tout le détail des mouvements des vaisseaux du port ; il parle d'instruments de marine, d'inventions nouvelles, etc. Le 8 mai 1701 il annonce avec détails la mort de l'intendant des Clouzeaux, son parent ; il est chargé de lever le plan de la rivière de Carhaix ; envoi du dessin de diverses ancres (18 juillet 1701). Canonisation de Michel Noblet à Locrist près du Conquet (15 août 1701). Crainte d'une attaque de la flotte anglaise ; on n'eût pas été en état de la supporter ; dispositions prises à cause de cette alerte (12 septembre 1701). Retour de M. Coetlogon de la Havane (10 février 1702). Nouveaux préparatifs pour empêcher une descente des Anglais sur les côtes de Bretagne (5 juin 1702) ; différend des Jésuites avec les bourgeois de Brest : l'évêque se prononce pour ces derniers (30 octobre 1702). Froger se plaint qu'on ne lui donne pas d'avancement (27 décembre 1702). Émeute à Brest contre les Jésuites (20 juin 1703). Voyage de l'*Amphitrite* en Chine : détails curieux à cet égard (20 août 1703) [1] ; Froger, nommé commandant de la flûte l'*Amazone*, part pour la côte du Sénégal, et il annonce cela à Thoynard par une lettre datée de Paimbœuf, le 25 septembre 1704. — On a joint à cette correspondance six lettres, dont deux d'un membre de sa famille, et les autres à lui relatives.

35. **Le même**. L. a s. (à Mme Barbin) ; Brest, 1er mai 1702, 1 p. pl. in-4.

Il avait remis au fils de Mme Barbin une copie de la relation de son voyage en Chine. Ayant appris la mort de celui-ci, il redemande son manuscrit, vu qu'il ne veut pas le faire imprimer. Il le [2] prie en conséquence de le faire remettre à M. Thoynard [3].

Je ne sais ce qu'il est advenu des lettres ainsi vendues en 1868. Leur absence est d'autant plus regrettable que, par des données sur la parenté de Froger avec l'intendant des Clouzeaux ou par les lettres d'un membre de la famille de Froger ou relatives à Froger, on pourrait peut-être être mis sur la piste des origines véritables du voyageur ; il faut bien reconnaître que jusqu'ici celles-ci sont autant dire inconnues. Les renseignements des anciennes biographies selon lesquels il est né en 1676 et était encore vivant en 1715 dérivent, le premier de l'indication fournie par Froger lui-même dans la préface de sa *Relation* de l'expédition de 1695-1697, le second du fait que Froger écrivit la préface de la réédition de 1715. Quant à la naissance de Froger à Laval, c'est là une donnée de la *Biographie Michaud* que

---

1. Vu la date et le lieu, il s'agit sûrement du second voyage de l'*Amphitrite*, dont Froger ne fit pas partie ; l'*Amphitrite* est rentrée à Brest le 17 août 1703.

2. *Sic* ; lire « la »?.

3. On remarquera qu'il n'y a pas ici accord absolu entre le résumé de Brunet dans le *Manuel* et celui de Charavay dans le *Catalogue*. Il est difficile d'y voir clair sans le texte original de la lettre.

14 PAUL PELLIOT

rien jusqu'ici n'a permis de recouper. Le nom de Froger est fréquent dans
le Haut-Maine et dans le Bas-Maine, mais on le rencontre ailleurs également. M. Desportes (*Bibliogr. du Maine*, Le Mans, 1844, in-8, p. 302) ne
connaît Fr. Froger que par sa *Relation* d'Amérique ; B. Hauréau, dans
son *Histoire littéraire du Maine*, V [1872], 31-33, parle de Fr. Froger
« que l'on dit né dans le Maine », sans plus ; l'abbé Angot n'a pas fait
place à Fr. Froger dans son *Dictionnaire historique et biographique de la
Mayenne* ; l'archiviste de la Mayenne, M. E. Laurain, a eu d'ailleurs l'ama-
bilité de compulser pour moi les registres paroissiaux de Laval pour 1675,
1676 et le début de 1677 (il y a ensuite une lacune); le nom de François
Froger n'y figure pas. Nous sommes ainsi réduits sur le compte de Froger
aux données de ses préfaces, aux résumés de ses lettres par Brunet et par
Charavay et au manuscrit retrouvé par M. Voretzsch. J'y puis seulement
ajouter qu'il y a aujourd'hui à la Bibliothèque nationale, dans la collection
d'Anville, un plan de Saint-Louis du Sénégal par Froger, daté de 1705 [1];
cela du moins nous met un an plus tard que la dernière lettre mentionnée
par Brunet. Ingénieur et dessinateur, Froger n'avait que 19 ans quand il
partit sur l'escadre de M. de Gennes, et 21 quand il écrivit l'histoire de
cette croisière. Il fit hommage de son œuvre à Phélipeaux de Pontchartrain qui s'intéressa au jeune homme, et, comme Froger le dit lui-même
dans sa dédicace, lui procura un embarquement sur l'*Amphitrite* [2]. Mais
Froger n'était pas un officier régulier de la marine royale. Pontchartrain
semble s'être moins occupé de lui par la suite : de là éventuellement les
plaintes de Froger en 1702 ; peut-être le manuscrit de sa relation du voyage
à la Chine offert à Pontchartrain n'avait-il pas été accueilli aussi favorablement que celui relatif au voyage d'Amérique et est-ce là la raison pour
laquelle Froger ne voulut pas ou plutôt ne voulut plus faire imprimer ce
nouvel ouvrage; on verra bientôt que Pontchartrain, vers le même temps,
avait reçu d'un autre jeune homme une autre relation du voyage de 1698-
1700 et qu'à celui-là au contraire, il donna des preuves de sa satisfaction
et de ses dispositions bienveillantes.

A propos de François Froger, M. Voretzsch (p. iv) a un texte un peu
ambigu, où il fait intervenir Froger de la Rigaudière, l'un des seconds capitaines de l'*Amphitrite* en 1698-1700 et son commandant en 1701-1703, et

1. Cf. *Bull. de la sect. de géogr.* du Comité des trav. hist. et scientif., XLI [1926], 122.

2. Bien que Froger se nomme en un passage de sa *Relation* (p. 51), il ne dit pas en quelle
qualité il voyageait sur l'*Amphitrite*; mais c'est probablement lui le « sous-ingénieur » qui est
mentionné par Lagrange (*Voyages curieux*, 218) comme mangeant à la troisième table du bord.

en outre un autre de la Rigaudière qui aurait été lieutenant lors du premier
voyage, ainsi qu'un troisième, neveu du commandant, qui embarqua
comme cadet lors du voyage de 1701-1703 ; évidemment M. Voretzsch les
suppose de la même famille que François Froger, si même il ne songe pas
à identifier celui-ci à l'un d'eux. Cette dernière hypothèse serait caduque
de toute manière, car le second capitaine de la Rigaudière apparaît souvent dans le récit de Froger tout à part de Froger lui-même, et le lieutenant
de la Rigaudière du premier voyage doit disparaître. Le texte de Saxe Bannister comme celui de M. Voretzsch nomment en place de ce dernier un
lieutenant de Barilly ; mais l'auteur de la traduction manuscrite française
de 1862, tout en donnant bien Barilly dans le texte, lui a substitué par inadvertance, dans la marge, le nom de la Rigaudière, et c'est ainsi qu'un lieutenant de la Rigaudière a été embarqué par M. Madrolle (p. 2) sur l'*Amphitrite* en 1698 à côté du second capitaine Froger de la Rigaudière. Quant
à une parenté entre François Froger et Froger de la Rigaudière, rien ne
permet de la supposer. Les Froger de la Rigaudière et de l'Éguille, ancien-
nement venus de Normandie, avaient leur château à La Rigaudière, commune de Médis, dans la Charente-Inférieure. Même si nous révoquons
en doute la naissance de François Froger soit à Laval, soit dans le Maine,
il n'y a aucune raison de le croire charentais, et il suffit que son embarquement sur l'*Amphitrite* soit seulement dû à l'intervention de Pontchartrain pour ôter toute base à une parenté qui ne s'appuierait que sur l'iden-
tité fortuite des deux patronymiques.

II

M. Madrolle, on se le rappelle, avait attribué la *Relation* de Froger à
l'officier de bord Filye ou « plus probablement » à l'enseigne de Lagrange.
J'ignore ce qui avait fait songer à Filye, dont on ne nous dit rien par ailleurs et dont le nom n'apparaît nulle part dans le manuscrit de Froger utilisé
par M. Voretzsch. L'existence de ce Filye, jusqu'ici attestée seulement par
la liste d'officiers que donne l'édition de Saxe Bannister, ne paraît toutefois
pas douteuse, car ce doit être lui le « Filijs », lieutenant du *François*,
mentionné à Canton par une lettre du directeur France le 20 décembre
1703, et le « Filij » d'une lettre de Laugier, 22 septembre 1704 [1] ; mais
rien ne donne à penser qu'il ait jamais écrit. Le nombre des officiers de

1. Arch. des Col., C¹ 18, ff. 111 v° et suiv., 114 et suiv.

l'*Amphitrite* indiqué à deux reprises par Lagrange (*Voyages curieux*, 215 et 218) étant atteint sans Filye, il est probable que celui-ci est le cadet dont il est question également chez Lagrange à part des officiers (*Voyages curieux*, 218). On voit mieux pourquoi M. Madrolle a mis en avant le nom de Lagrange. François Jégou (*Hist. de Lorient port de guerre*, 2e éd., Vannes, 1887, in-8, p. 137) a en effet reproduit ce passage d'une lettre de Pontchartrain à Mauclerc, 18 août 1700 : « J'ay reçu le journal de voyage de la Chine que le chevalier de la Grange, garde de la marine, vous a remis. Vous pouvez l'assurer que j'ay esté bien aise de voir cette marque de son application et que je m'en souviendrai dans l'occasion. » Le ministre n'avait pas tardé à répondre, car on a la lettre d'envoi de Mauclerc, datée de Lorient, 11 août 1700 (Arch. Nat., Mar. B³109, ff. 120-121) : «... M. Le Chlēr de La Grange garde de la marine qui vient de seruir d'officier sur La fregatte L'amphitrite m'a remis vn journal du Voyage qu'il vient de faire a la Chine ou il y a des plans des Lieux ou il a passé. Il m'a prié de vous L'enuoyer avec vne Boëtte de fer Blanc dans Laquelle Il ÿ a trois autres plans, on m'a assuré qu'il auoit tres Bien fait son deuoir et Vous jugerés Bien par son Trauail qu'il s'est beaucoup apliqué. » Pontchartrain a ajouté en marge : « accuser la reception ql marque au garde que je suis bien aise de voir son application et que je m'en souuiendray dans loccasion. » M. Madrolle aura vraisemblablement connu l'un de ces textes.

Puisque le *Journal* traduit par Saxe Bannister est de Froger et non de Lagrange, on pourrait penser que la relation de Lagrange est perdue ; il n'en est rien. J'ai acquis à Paris, en 1926, un manuscrit petit in-4, relié dans un brocart chinois ancien, qui a été mutilé et même assez naïvement truqué, mais qui contient encore à peu près la moitié d'une relation inconnue du premier voyage de l'*Amphitrite*; des passages des ff. 71 v°, 88 r° et 102 r° donnaient à penser que l'ouvrage était adressé à Pontchartrain ; quatre vues en couleurs accompagnent encore le récit, et deux d'entre elles sont signées respectivement « Le chēr de Lagange La fait 1699 [1] » et « 1699 Le cher de Lagrange » ; j'étais ainsi amené à supposer que c'était là la relation de Lagrange dont il est question dans la correspondance de Mauclerc et de Pontchartrain [2].

1. « Lagange » est un *lapsus* de quelqu'un qui s'attache à calligraphier au lieu de signer normalement.

2. Dans la seconde moitié du XVIIIe siècle, une main inconnue avait, au moyen de papiers collés et de surcharges, modifié les titres courants « *Premier uoyage des françois à la chine sous le règne de louis XIV* » en « *uoyage dun françois à la chine* », et changé en 1758, 1759 et

Peu de temps après, par l'intermédiaire obligeant de M. de la Roncière, j'ai été mis en relations avec M. Georges du Loup, ancien officier de marine, et celui-ci a bien voulu me communiquer un manuscrit petit in-folio de sa bibliothèque, comprenant 1 fº de titre et 388 pages numérotées au crayon [1], et dont voici le titre assez copieux :

> *Le premier uolume des uoyages curieux faits dans diuerses prouinces, de france, despagne, de flandres et de loraine lespace de cinquante ans par mess*ʳᵉ *Louis de chancel de lagrange, ancien officier de la marine cheualier de l'ordre royal et militaire de S*ᵗ *louis commandeur de celuy de S*ᵗ *lazare et de nostre dame du carmel commanderie de perigeux faubourg S*ᵗ *georges. Ses grands uoyages et expeditions maritimes dans les quatre parties du monde sont inserés en dautres uolumes presentés et donés au mois de nouembre 1740 a son altesse royale monseigneur linfant dom philipes grand admiral d'espagne et des indes lequel a epousé madame louise elisabét premiere de france lan 1738, il n'a pas laissé de placer en ces receuils Les principaux uoyages et expeditions militaires auxquelles il a participé obseruant les distances et la quantité de lieües par mer et par terre quil a faites annéés par annéés. Escrit de sa propre main.*

Le volume s'arrête à l'année 1704, et on lit à la p. 384 : « Je finiray ce premier uolume de mes voyages par dire que le corps de la marine commençat se resentir de la disipation des finances ou du peu de paye et d'apointemens qu'on payoit aux officiers et aussi ne fit-elle aucun exploit digne de memoire iusques en l'année 1711 ou M. Dugué trouin par la riche prise qu'il fit de rio janeiro sur les portugais luy rendit son premier lustre nous parlerons de cette expédition dans le 2ᵉ volume a la quelle ie me trouué [2] ». Le sort de ce second volume m'échappe, de même que celui des manuscrits que Lagrange avait donnés à don Philippe en 1740 [3]. Du moins, les pages 207-315 du premier volume sont-elles occupées par le « Premier voyage des françois à La chine », et un simple coup d'œil suffit à montrer que, malgré des changements assez nombreux, ce récit est foncièrement identique à celui de mon manuscrit.

1760 les dates marginales de 1698, 1699 et 1700 ; mais on retrouve le texte original sous des altérations. Il manque les ff. 1-47, 49, 52, 64, 65, 71-77, 84-86, 103, 111-125, 137 à la fin (le fº 97 a été sauté à la numérotation).

1. Il y a en réalité 392 pages, car on a sauté 2 pages entre les pp. 312 et 313, et 2 pages entre les pp. 314 et 315.

2. Le dernier membre de phrase, malgré une construction bizarre dont Lagrange est coutumier, se rapporte naturellement à l' « expédition » de 1711 où Lagrange se trouva.

3. On aimerait surtout à retrouver ce manuscrit offert en 1740 ; en effet, dans ses *Voyages*

Louis de Chancel de Lagrange est facile à identifier ; les contrôles de la
marine ont gardé sa trace [1], et surtout sa famille était de bonne noblesse
périgourdine. Son frère aîné, François-Joseph de Chancel, seigneur de
Lagrange, dit Lagrange-Chancel, est l'auteur des célèbres *Philippiques*
dirigées contre le Régent. Un frère cadet, Jean de Lagrange-Chancel,
jeune officier de marine, périt dans le naufrage du *Fidèle*, peu après la
prise de Rio de Janeiro, le 18 janvier 1712. Quant à Louis de Chancel de
Lagrange, dit le chevalier de Lagrange, la *Bibliographie générale du Péri-*
gord de Roumejoux (II, 107) le fait naître à Périgueux le 20 septembre
1678 [2] et mourir à Antionat (lire Antoniac) [3] en Périgord le 25 novembre
1747 (lire 1745?) ; elle lui attribue une *Énigme sur la truffe* parue dans le
Mercure de France de janv. 1719 (p. 165) et une *Lettre au Régent*, Rochefort, 1er avril 1719, publiée en 1887 par Diancourt dans *Une Philippique*
inconnue [4], mais elle est muette sur sa relation du voyage de l'*Amphitrite*
et sur les deux volumes des *Voyages curieux*. Il est à peine besoin
d'ajouter que le volume conservé des *Voyages curieux* donne sur la
première partie de la vie de Louis de Lagrange des informations bien plus
précises et détaillées que celles qu'on possédait jusqu'ici.

Maintenant, dans quelle relation mon manuscrit se trouve-t-il avec celui
de M. du Loup ? Celui-ci est une œuvre de vieillesse, où Louis de Lagrange
reprend l'ensemble de ses voyages. Ce n'est pas une simple copie de

curieux, pp. 1-2, Lagrange rappelle ce don fait à Bayonne le 12 novembre 1740, en ajoutant
que le manuscrit était « enrichi de 80 planches des principales places maritimes que ie desiné
et lenées moi-mesme, ausi regulieres que les meilleurs ingenieurs eussent pu faire iy ioinis
une lettre en langue espagnolle a la teste de cet ouvrage qui fut placé dans son cabinet duquel
iay conservé le double pour la famille... » (le double de l'ouvrage évidemment, mais, à ce qu'il
semble, sans les planches [cf. cependant *infra*] ; en tout cas elles n'étaient pas jointes au mss.
dont M. du Loup a le premier volume, car à plusieurs reprises Lagrange y renvoie pour elles
[par exemple pp. 213, 217] au mss. offert à don Philippe).

1. Cf. *Alphabet Laffilard*, s. v. Louis de la Grange Chancels ; Fr. Jégou, *Hist. de Lorient port*
de guerre, p. 437. Lagrange, promu enseigne de vaisseau le 1er janvier 1703, ne dut jamais
dépasser ce grade ; il prit sa retraite le 1er août 1726.

2. Ceci est en désaccord d'un jour avec les *Voyages curieux*, pp. 1-2, où Louis de Lagrange
dit être né « le uint et un de septembre iour de saint matieu lan 1678 ».

3. Louis de Lagrange vécut à la fin de sa vie et mourut chez son frère aîné, l'auteur des
Philippiques ; celui-ci habitait le château d'Antoniac, apporté en dot par leur mère, Marie de
Bertin, demoiselle d'Antoniac.

4. Cette lettre fait peu d'honneur à Louis de Lagrange ; son frère aîné, emprisonné par le
Régent, s'était évadé, et Louis de Lagrange écrit au Régent pour le désavouer assez lâchement,
« n'ayant eu de ma vie aucun sujet d'estre content de sa conduite ». Les circonstances changées
et l'âge venu, il se réclama au contraire de ce même frère, et fait de lui, dans la section préliminaire de ses *Voyages curieux*, un éloge dithyrambique.

l'ouvrage offert à don Philippe en 1740, et auquel l'auteur renvoie d'ailleurs plus d'une fois, mais quelque chose de plus personnel (« iecris pour moi », p. 2), et qui est, au moins en partie, de 1743 (« mais auiourd'hui que iescris 1743 », p. 192). S'il fallait en croire Lagrange, il écrivait sur la Chine autant dire de souvenir, les manuscrits de ses voyages maritimes ayant disparu dans le naufrage du *Fidèle*[1] ; mais les plans qu'il avait joints au mss. donné en 1740, les caractères chinois reproduits de manière presque identique dans les deux manuscrits, enfin la correspondance à peu près littéraie de pages entières entre mon manuscrit et les *Voyages curieux* excluent absolument que Lagrange n'ait pas eu par devers lui, en 1743, une copie, peut-être incomplète, de son texte de 1700 [2].

1. « La deuzième partie [*du voyage à la Chine*] comprend le seiour que iay fait dans.cet empire oriental... et ie prie le seigneur qu'il me fournisse une mémoire suffisante affin de detailler ces circonstances ayant eu le malheur de perdre deux uolumes manuscrits qui traitoient de mes uoyages maritimes dans l'infortuné naufrage des deux vaiss[x]. du roi le magnanime et le fidelle de 70 et 60 canons chacun ou parmi la perte de quatorze cents hommes qui se noyerent y compris quarante gentilhommes officiers ou gardes de la marine ieus lafliction dy uoir comprendre vn ieune frere que iaymois et qui mauoit prié de luy prester mes uoyages afin de les lire et sinstruire que ie n'ay plus reuéus... » (*Voyages curieur*, p. 211). Dans un passage de la p. 331, Lagrange dit qu'il perdit dans le naufrage du *Fidèle* trois volumes de ses voyages.

2. [Mon travail était complètement rédigé quand un renseignement de M. G. Lavergne, archiviste de la Dordogne, sur l'Autel de l'Assomption de l'Eglise de la Cité de Périgueux m'a amené à parcourir le *Bull. de la Soc. hist. et archéol. du Périgord*, où j'ai vu qu'il avait été abondamment question de Louis de Lagrange. Dans le t. XVII [1890], p. 124, on signale la vente récente, par Eugène Charavay, d'une lettre de Louis de Lagrange datée de Rochefort, 11 novembre 1723. M. A. Dujarric-Descombes (pp. 124 et 193) annonça à ce propos qu'il possédait le second volume des *Mémoires* de Lagrange, chronique des événements depuis 1702 jusqu'au 30 mai 1734 ; le premier volume avait été vendu par Charavay ; son sort est inconnu (cf. aussi t. XXXIX, p. 239). En 1914-1915, un anonyme publia dans la *Rev. de la Saintonge et de l'Aunis* (t. XXXIV-XXXV) un récit de voyage en Saintonge extrait du 2e volume des *Voyages* de Lagrange. Une note préliminaire disait : « Cette relation a été rédigée en 1739 par Louis de Chancel de Lagrange... Il parle d'un premier volume... Cette première partie semble perdue. » M. Dujarric-Descombes apprit par la suite que cette publication avait été faite au moyen d'une copie prise à Paris sur le manuscrit du second volume qui avait été acquis par le libraire Gougy ; celui-ci le vendit en 1914 pour 50 francs à « un bibliophile russe, grand amateur de manuscrits français ». Antérieurement, M. Dujarric-Descombes avait eu entre les mains ces deux volumes des *Voyages* et il a connu aussi un cahier de chansons écrites par Louis de Lagrange ; c'est au moyen des extraits qu'il avait pris qu'il a publié dans le *Bulletin* de 1916-1917 (t. XLIII et XLIV) la partie du deuxième volume des *Voyages* qui concerne le Périgord ; il l'a fait précéder (XLIII, 137-147) d'une biographie de Louis de Lagrange ; de son récit, il semble bien résulter que tous ces manuscrits (mais non le mien) ont été retrouvés à Antoniac et dispersés en 1892. Les *Voyages* seuls nous intéressent ici directement. M. Dujarric-Descombes dit que le 1er volume était un in-folio d'environ 300 pages, avec 80 planches, double conservé par Lagrange du manuscrit qu'il offrit à l'infant don Philippe en 1740 ; le

Mon manuscrit est autographe, quoique d'une main plus jeune que celle
des *Voyages curieux*, et on y retrouve d'ailleurs les particularités assez
caractéristiques de l'orthographe de Lagrange (« lomstems » pour longtemps », « loing » pour « loin », « Cantong » pour « Canton », etc.) : il
n'est pas douteux que ce soit là un exemplaire du récit qu'il écrivit en 1700.
Dans son ouvrage de 1743, Lagrange raconte (p. 207) qu'à son retour de
Chine en 1700, un exemplaire fut remis à S. A. S. Louis de Bourbon-
Condé, sixième du nom [1], et une « pareille copie » à Jérôme comte de Pontchartrain. Ailleurs (p. 317), sous l'année 1700, Lagrange note : « Ie fus dire
adieu a Mr de Maucler comisaire ordonateur qui mauoit tres bien serui
auprès de m^r le comte de pontchartrain alors ministre de la marine car en
luy enuoyant le liure de mon uoyage de la chine couuert dun brocart dor
chinois il luy auoit fait mon esloge, ce qui luy attira une response par laquelle
il luy marquoit de masurer de sa protection charmé dauoir ueu les marques
de mon aplication dont ie me sentirois a la premiere promotion que le roi
feroit [2]. » Dans mon manuscrit, Lagrange s'adresse au destinataire en l'ap-
pelant « Votre Grandeur », ce qui exclut le duc de Bourbon-Condé, mais
s'applique bien à Pontchartrain ; par ailleurs, mon manuscrit est bien
« couvert d'un brocart d'or chinois » ancien ; ce doit donc être là l'exemplaire même, malheureusement mutilé, que Lagrange avait envoyé à Pontchartrain par l'intermédiaire de Mauclerc. Quant aux mutilations, certaines
ont été volontaires, et une partie du moins semble avoir eu pour but de
faire disparaître les réflexions assez défavorables· auxquelles Lagrange se
livrait sur le compte des Jésuites de Chine. Ce qu'elles étaient dans le détail,

2e volume avait 210 pages in-folio. Si le manuscrit du 2e volume est bien de 1739 comme il
était dit dans la *Revue de Saintonge et de l'Aunis*, il ne peut être un double ni de celui de
1740, ni de celui de 1743 dont M. du Loup a le premier volume. Quant au premier, s'il a des
planches, compte environ 300 pages et est un double de celui de 1740, ce n'est pas non plus le
manuscrit acquis par M. du Loup qui n'a pas de planches, compte 392 pages et a été écrit
en 1743. Louis de Lagrange, qui n'avait rien d'un styliste, était un écrivailleur impénitent ; il a
pu faire copie sur copie d'ouvrages qu'il remaniait sans cesse et qui ne virent jamais le jour.
Mais il faudrait disposer des divers manuscrits pour pouvoir les comparer et élucider le détail
de leurs relations.]

1. Louis de Lagrange avait été page chez la duchesse de Bourbon-Condé de 1691 à 1693 ; c'est
alors qu'il s'était initié aux sciences sous la direction de Manesson-Mallet, le fils de l'auteur
de la *Description de l'Univers* et des *Travaux de Mars*. Dans ses *Voyages Curieux*, pp. 207-209,
Lagrange reproduit la dédicace qu'il écrivit à Paris le 20 octobre 1700 pour l'exemplaire de sa
Relation destiné au duc de Bourbon-Condé ; elle est assez dure pour les Chinois, en particulier, pour les Chinois chrétiens qui « dérobent et trompent plus hardiment que ceux qui
demeurent dans l'idolâtrie ».

2. Comme on le voit, Lagrange force un peu, rétrospectivement, le sens de la réponse de
Pontchartrain.

nous n'en pouvons plus guère juger, car c'est là un des points où le vieillard de 1743 a usé de plus de discrétion que le garde de marine de 1700[1].

III

En dehors des *Relations* de Froger et de Lagrange, le voyage de l'*Amphitrite* en 1698-1700 était narré dans le *Journal*, probablement perdu, du commandant, le chevalier de la Roque, capitaine de frégate légère dans la marine royale[2]. Nous ne connaissons plus que l'*Abrégé du journal du voyage de la Chine que j'ay fait commandant lamphitrite l'année 1698*, en 13 pages, qui se trouve aux Arch. Nat., Mar. 477, 129, pièce 3. Ce résumé, qui donne surtout des dates, n'est pas signé, ni autographe, mais comporte des annotations qui doivent être de la main de la Roque. Le texte renvoie plusieurs fois au journal détaillé, et fait aussi mention de plans et vues (d'Achen, de Malacca, de Macao, de Bantam) dont aucun n'est joint au résumé. Sur la couverture, une main a ajouté « La Roque », « juillet 1700 Extrait du journal du Sr de la Roque », et une note : « Comme La Roque doit bientôst arriuer L'entendre le questioner & faire Un mémoire du tout p^r Le Con^{el} [3]. »

Enfin, il faut naturellement tenir compte de la lettre du Père de Prémare au P. de la Chaize, Canton, 17 février 1699, de celle du P. Bouvet au même destinataire, Pékin, 30 novembre 1699, toutes deux reproduites dans le 2ᵉ recueil des *Lettres édifiantes*, et de la *Route qu'il faut tenir pour passer les détroits de Malaque & de Gobernadour* qui est insérée dans ce même recueil entre les lettres.

---

1. En dehors des quatre vues en couleurs qui subsistent dans mon mss., on a encore de Lagrange une carte de la rivière de Canton (Serv. hydr. de la Mar., Portef. 179 *bis*, div. 9, n° 1), reproduite par M. Madrolle, et un plan de la côte d'Achen, signé « delagrange fecit 1698 le 21 septe », avec un petit Plan d'Achen signé « de Lagrange » et daté du 6 août 1698 (Serv. hydr., Portef. 198, Div. 1, n° 3).

2. Le nom du chevalier de la Roque est attesté par tous les textes, et on verra plus loin que le personnage est bien connu. Je ne sais par suite de quelle erreur Jégou, *Hist. de Lorient port de guerre*, 1887, 136, dit que l'*Amphitrite* « fit son retour à Lorient au mois d'août 1700, sous le commandement d'un enseigne de la marine royale nommé de la Vérune »; ce « de la Vérune, capitaine de l'*Amphitrite* » reparait à la p. 137 ; mais de la Roque était capitaine de frégate et il n'y avait pas d'enseigne « de la Vérune » sur l'*Amphitrite*.

3. La date de juillet 1700 fait, en apparence, difficulté, puisque l'*Amphitrite* n'est arrivée à Port-Louis (Lorient) que le 3 août. Mais l'*Amphitrite* avait mouillé à Belle-Isle du 30 ou 31 juillet au 2 août, et une phrase du texte de Saxe Bannister, qui manque à celui d'Ajuda, nous fait savoir que de la Roque envoya de là de Boissy et de Beaulieu prendre la diligence à Vannes pour annoncer au roi et à la Compagnie le retour du navire ; c'est évidemment eux qui apportèrent l'*Abrégé*. [Cf. les *Addenda*.]

IV

A l'aide de tous ces récits et en les complétant par les pièces d'archives,
on peut se faire quelque idée des raisons qui firent décider le voyage de
l'*Amphitrite*, des conditions dans lesquelles le navire fut armé et des riva-
lités de personnes et d'intérêts qui faillirent maintes fois provoquer des
catastrophes ; c'est merveille que ce premier voyage se soit achevé sans
trop d'encombre et ait laissé des bénéfices importants ; pareille chance ne
se reproduisit plus par la suite.

Le P. Joachim Bouvet, du Mans (1656 ?-1730), était un des six Jésuites
mathématiciens que Louis XIV avait fait partir à ses frais pour la Chine
en 1685. Arrivé à Pékin en février 1688 et resté à la Cour où il jouissait
auprès de l'Empereur d'un certain crédit, Bouvet quitta la capitale le
8 juillet 1693, se rembarqua pour la France à Macao le 10 janvier 1694 et,
après toutes sortes de péripéties, finit par débarquer à Brest le 1er mars
1697 [1].

Que venait faire en France le P. Bouvet ? On en a discuté, mais le cas est
en somme assez clair. Les cinq jésuites français envoyés par Louis XIV
et arrivés en Chine au début de 1688 constituaient un groupe spécial, à
part des Pères « portugais » ; ils désiraient s'affirmer de plus en plus, et
devaient donc se renforcer. Par ailleurs, K'ang-hi avait accordé le 22 mars
1692 le célèbre édit qui autorisait la libre prédication du christianisme
dans ses états ; les missionnaires exultaient. Évidemment, l'entente était
au fond un malentendu ; K'ang-hi montrait de la bienveillance aux missionnaires parce qu'il voulait s'assurer le bénéfice de leurs connaissances
scientifiques ; les missionnaires faisaient œuvre de savants pour acquérir
une autorité qui leur permît de développer leur apostolat ; ce qui était
l'essentiel pour l'un était l'accessoire pour les autres ; mais on mit quelques
années, des deux côtés, avant d'aboutir à des conflits que les jalousies
nationales et la rivalité des divers ordres religieux exaspérèrent ; le mandement de Mgr Maigrot du 26 mars 1693 sur les rites chinois ne fit pas

---

1. Pour le P. Bouvet comme pour la plupart des anciens missionnaires jésuites de Chine,
les renseignements les plus abondants jusqu'ici sont naturellement ceux des *Notices Biographiques et Bibliographiques* du P. Louis Pfister, Changhai, 1868-1875, autographié (n'est pas
dans le commerce). Sur la première partie de son voyage d'Europe en Chine en 1685-1686
jusqu'au Siam, Bouvet avait écrit lui-même une relation dont Cordier possédait une copie
ancienne (cf. *Bibl. Sin*². , 1057) ; sur l'ensemble de ses voyages jusqu'en 1697, mais principalement sur le voyage de retour de Chine en France en 1694-1697, la meilleure source est le mss.
de la Bibl. de Munich, Cod. gall. 711 (cf. *Bibl. Sin*²., 1057).

disparaître immédiatement le bénéfice de l'édit de tolérance du 22 mars 1692. K'ang-hi, qui s'était pris de sympathie pour les jésuites français mathématiciens, leur avait octroyé le 4 juillet 1693 une maison dans la ville jaune (Bouvet, avec quelque exagération, la dit dans l'enceinte du palais impérial lui-même). Le même jour, il donnait l'ordre au P. Bouvet de se rendre en France pour ramener de nouveaux savants, et le Père, bien décidé à tirer de cette mission les meilleurs avantages pour la maison française, quittait Pékin le 8 juillet avec les privilèges et la patente d'un *k'in-tch'ai* ou « délégué impérial » [1].

Quand il parvint en Europe après quatre ans, Bouvet se mit immédiatement à l'œuvre. Afin de préparer l'opinion et Louis XIV lui-même, il fit paraître dès 1697 le *Portrait historique de l'empereur de la Chine, présenté au Roy* (cf. *Bibl. Sin.*[2], 634), parallèle entre Louis XIV et K'ang-hi établi en termes flatteurs pour tous les deux. Par ailleurs, il y a aux Arch. des Colonies, C[1] 8, ff. 64-72, la copie d'un *Mémoire du R. P..... envoyé par l'empereur de la Chine en France. Il justifie la qualitté que luy a donné l'Empereur de la Chine, expose les intentions de ce monarque, demande au Roy d'y répondre favorablement.* Le Père anonyme est évidemment le P. Bouvet, et le mémoire est trop instructif pour que je n'en cite pas quelques passages. Après avoir rappelé le don d'une maison aux jésuites français par l'empereur « dans l'enceinte de son palais », Bouvet ajoute : « Et le mesme jour qu'il fit cette faveur, il en choisit un d'entr'eux [=*Bouvet*], pour venir marquer de sa part à Votre Majesté, la haute estime, qu'il a conçuë pour elle ; et lui rendre compte, de toutes les faveurs dont il les a comblez en vostre considération ; du plaisir qu'il se fait d'avoir auprès de luy des Jésuites françois : du désir qu'il a d'en voir arriver chaque année un grand nombre dans ses Estats, et d'y introduire par leurs soins tous nos arts et toutes nos sciences, moyen trés propre pour y établir ensuite nostre Ste Religion : de la joye qu'il auroit de voir arriver tous les ans dans ses ports des vaisseaux de vos sujets ; de la vraie disposition, où il est, de leur accorder ce que Vostre Majesté pourra souhaiter, pour la liberté et l'avantage du commerce. » A l'objection qui lui a été faite qu'il n'apporte pas de lettre de l'empereur de Chine, Bouvet répond que celui-ci est lié par la vieille coutume de n'envoyer que des ordres « qui marquent

---

1. Cf. Du Halde, *Descr. de la Chine*, 1735, in-folio, I, 95. Il ne faudrait toutefois pas penser que la mission de Bouvet fût la première envoyée par K'ang-hi en Europe; le P. Grimaldi rentrait d'Europe, où il s'était rendu sur l'ordre de K'ang-hi, au moment même que Bouvet quittait Pékin pour s'embarquer.

une subordination de vassal ou de tributaire », mais que lui-même avait
une patente de *k'in-tch'ai* ou délégué impérial. On lui avait demandé
de la montrer, mais il explique qu'il a dû la rendre en quittant la Chine,
car elle ne s'adresse qu'aux sujets de l'empereur. « Outre cela j'ay un
journal fort détaillé et fort exact de tout ce qui s'est passé dans mon
voiage surtout depuis Péking jusqu'à Surate. » Il supplie le roi d'envoyer
un vaisseau à la Chine, où il y aura une « troupe choisie de nouveaux
missionnaires ». Le roi devrait en outre rendre un édit en faveur de la
propagande des Jésuites à la Chine tant sur le terrain religieux que sur le
terrain scientifique, et même décider que les Jésuites français « forment
à Péking une académie qui ait raport a nostre Académie des sciences, et
que les uns et les autres se communiquent réciproquement toutes leurs
découvertes ». Bouvet termine en donnant une longue liste de toutes les
personnes qui, tant en Chine qu'aux Indes, peuvent attester sa qualité de
délégué impérial.

Bouvet présentait les choses à sa manière. K'ang-hi comme lui-même,
pour des raisons différentes, désirait un envoi de missionnaires, mais le
difficile était de les transporter. Les Portugais de Macao, au nom du droit
de patronat de leur souverain, fermaient cette voie naturelle aux jésuites
français. Lui-même, en ses quatre ans de pérégrinations, venait d'éprouver
tout ce que les passages de hasard offraient de délais et de dangers. La
situation serait tout autre si le roi envoyait à la Chine un de ses vaisseaux
qui emmènerait en même temps les missionnaires. Et le P. Bouvet de
faire miroiter aux yeux de Louis XIV la « considération » que l'empereur
de Chine a pour lui et qui est cause de la faveur témoignée à ses sujets,
alors que K'ang-hi ne voyait sûrement en Louis XIV qu'un prince barbare
qui tardait à lui offrir le tribut et qu'il n'accueillait les missionnaires français qu'à raison des services que ceux-ci lui rendaient.

Les ministres de Louis XIV ne furent pas autrement dupes de l'argumen-
tation du P. Bouvet ; ils se méfiaient de toute évidence sur l'accueil que
recevrait un vaisseau du roi en un empire dont le souverain n'envoyait
pas de lettres aux autres princes, mais seulement des ordres « qui marquaient
une subordination de vassal ou de tributaire ». Bouvet s'attendait peut-
être à cet échec, et dans son *Mémoire* il s'était réservé une porte de sortie.
Ce qu'il lui faut avant tout, c'est un vaisseau. Le roi n'en donne pas ?
Qu'à cela ne tienne ; ce n'est pas pour rien que Bouvet a parlé, sans y être
invité ni autorisé par K'ang-hi assurément, du désir qu'a l'empereur de
Chine de voir les navires français venir tous les ans dans ses ports où,

afin de complaire à Louis XIV, il leur accordera tout ce que le roi « pourra souhaiter pour la liberté et l'avantage du commerce ». Et Bouvet de se retourner vers la Compagnie des Indes, en précisant même que l'empereur accordera au commerce français, dans un de ses ports, un établissement permanent [1].

Dès l'instant que le P. Bouvet s'adressait à des entreprises privées, il devait en effet songer à la Compagnie des Indes Orientales qui avait reçu en 1664, pour cinquante ans à compter du départ des premiers navires, le privilège exclusif du commerce « depuis le cap de Bonne Espérance jusque dans toutes les Indes et mers Orientales, même depuis le détroit de Magellan et Le Maire, dans toutes les mers du Sud ». Mais, en fait, l'activité de la Compagnie, malgré quelques tentatives du côté du Siam, n'avait jamais dépassé les Indes proprement dites ; l'état de ses finances, à la fin du xviie siècle, ne lui permettait guère de se lancer dans une entreprise nouvelle en Extrême-Orient ; les propositions du P. Bouvet ne furent donc pas accueillies. La partie semblait compromise quand, par l'entremise, semble-t-il, du comte de Pontchartrain, le missionnaire fit la connaissance de Jean Jourdan.

V

Figure jusqu'ici assez énigmatique que celle de Jean Jourdan. Pendant une vingtaine d'années, il fondera une série de compagnies, passera sans se décourager d'une affaire à l'autre, sollicitera, intriguera, se plaindra, sera engagé dans une multitude d'instances dont il ne verra pas même la fin [2], tentera de Lorient, en 1710, et comme toujours avec l'appui de Pontchartrain, de faire établir des chambres d'assurances maritimes dans les principaux ports du royaume [3], et ceux qui se sont occupés du personnage ont su de lui si peu de chose qu'ils n'ont pas même pu fixer la vraie forme de

---

1. M. Madrolle (p. xxxii) dit que Bouvet avait déjà entretenu de ses projets les agents de la Compagnie des Indes lors de son passage à Surate ; mais je crois bien que c'est là interpréter de façon inexacte un passage du mss. dit de Bouvet de Latouche (ff. 6-7 du mss.).

2. Les documents relatifs à ces procès se trouvent en partie aux Arch. Nat., en partie dans les dossiers des Arch. des Col. relatifs à la Compagnie de la Chine, à celle de la mer du Sud, etc. En outre, une riche collection de factums très rares a été réunie par M. Léon Vignols qui, après me les avoir aimablement communiqués comme il l'avait fait il y a vingt ans à M. Dahlgren, vient d'en faire don à la ville de Saint-Malo. Mais l'étude de ces querelles interminables sortirait du cadre du présent travail.

3. Cf. Jégou, *Hist. de Lorient port de guerre* [2], 354. Pour le dire en passant, on a parfois l'impression que Jourdan fut l'homme de paille de Pontchartrain ; la question vaudrait d'être reprise.

son nom. Fr. Jégou (*Hist. de Lorient, port de guerre*[2], p. 136) parle de
« Jean Jourdan, seigneur de Grouée ». M. Madrolle (p. xxxiii) l'appelle
Jourdan de Groussy, et fait de lui un riche industriel, « grand manufacturier
de glaces ». C'est « un puissant armateur, Jourdan de Grouée », dans Sottas,
Hist. de la Compagnie Royale des Indes Orientales, Paris, 1905, in-8,
p. 401 ; « un armateur, Jourdan de Grouée », dans P. Kaeppelin, *La Compagnie des Indes*, Paris, 1908, p. 363. M. Dahlgren (*Les relations commerciales*, I, 110) adopte « Jean Jourdan de Grouée » et indique en note :
« C'est ainsi qu'il écrit lui-même son nom ; dans les actes contemporains,
il est aussi appelé Jourdan de Groussey. » M. Dahlgren ajoute qu'il n'a rien
trouvé sur la vie de Jourdan, en dehors de ce passage d'un manuscrit de la
Bibliothèque Nationale (mss. fr. 8972, f. 243)[1] : « Originaire de Marseille,
autrefois marchand épicier à Paris, il était en l'année 1698 très riche
négociant. » On retrouve « Jourdan de Groué, négociant, manufacturier de glaces à Paris » dans H. Belevitch-Stankevitch, *Le goût chinois*,
49 ; « Jean Jourdan de Groussey ou de Grouée, originaire de Marseille,
riche négociant à Paris » dans Cordier, *Hist. gén. de la Chine*, III, 307 ;
et le « riche fabricant de verrerie (Glasfabrikant) Jourdan de Groussy »
chez M. Voretzsch (p. viii).

Il est exact que les copies anciennes d'actes où Jourdan est intervenu
écrivent parfois Grouée, mais non que lui-même signe ainsi ; sa signature
peut aussi bien se lire Groucé, qu'on rencontre également dans les actes,
et *a priori* je tenais pour presque évident que telle devait être la lecture
phonétiquement correcte puisqu'on trouvait aussi Groussé, Groussey,
plus rarement Grossée ou Groussy. D'autre part, Jean Jourdan était souvent qualifié, dans les actes, de seigneur non seulement de Groucé ou
Groussey, mais aussi de Boissy et autres lieux. Un coup d'œil au *Dictionnaire des Postes* ne m'a révélé qu'un arrondissement où il y eût à la fois
un Groussay et un Boissy (Boissy-sans-Avoir), c'est le canton de Montfort-
l'Amaury. Et dans le *Nobiliaire et armorial du comté de Montfort-
l'Amaury*, par Adrien Maquet et Adolphe de Dion (Rambouillet, 1831,
in-8), j'ai trouvé le passage suivant :

« Jourdan. — 1692. Le sieur Jourdan achète Groussay près Montfort
au sieur Forcadel ; 1693, taxé à 150 l. pour l'arrière-ban, à cause de ses
fiefs de Groussay et de Boissy. — 1693, Marie Guillebon, femme de

---

1. Le texte est intitulé *Commencement de la Compagnie de marchands pour le commerce de
la Chine, 1698.*

n. h. Jean Jourdan, maire perpétuel de Montfort. — 1703. Jean Jourdan, cons. et secrétaire du roi, proc. du roi à Montfort [1]. »

Dans l'*Armorial Général* de d'Hozier (Paris, 2e registre, Etat du 22 nov. 1697, pp. 452-453), figurent les armoiries suivantes :

« 275-276. — Jean Jourdan seigneur de Boissy et Marie Nicolle Guillebon sa femme. Portent de gueules a un dextrochere armé d'argent mouvant du flanc sinistre et tenant une épée de meme, accole d'azur a une bande d'or accompagnée de trois besans du meme, deux en chef rangez en bande et un en pointe » [2].

C'est à raison de la double seigneurie et du prénom de Jourdan que, dans un projet d'armement en 1698 de quatre navires, pour lesquels Jourdan devait être le principal bailleur de fonds, l'un est le *Pontchartrain*, l'autre la *Sainte-Marie de Longchamp*, mais *L'Arsenal de Dantzig* et le *Saint-Jean de Ligourne* (=*Saint-Jean de Livourne*) devaient devenir respectivement le *Saint-Jean de Boissy* et le *Saint-Jean de Groucé* [3].

Enfin, parmi les lieutenants de l'*Amphitrite* lors de son premier voyage, se trouvait un M. de Boissy, qui ne figure pas dans l'*Alphabet Laffilard* parmi les officiers de la marine royale. Or c'était là un fils ou plus probablement un frère beaucoup plus jeune de Jourdan, à qui il devait sûrement et son titre et son embarquement et son rang. Nous en avons pour preuve une lettre du P. de Visdelou à Jourdan, écrite de Canton le 16 février 1699 [4] : « M. de Boissy, qui a l'honneur de vous appartenir, est un jeune homme fort accompli. Il est le plus aimable du monde, et il a une prudence qui passe de beaucoup son âge. Depuis que je suis à Canton il s'est comporté avec beaucoup de sagesse et de prudence dans les affaires très délicates et très importantes dont il vous rendra compte lui-même. » On peut

---

1. La date de 1703 ne peut porter que sur «procureur du roi » ; Jourdan était « écuyer, seigneur de Groucé, Boissy et autres lieux, conseiller secrétaire du Roy maison couronne de France et de ses finances » au moins dès l'acte d'association de la Compagnie de la Chine le 24 décembre 1700.

2. Le nom de « Marie-Nicolle Guillebon », femme de Jourdan, mais dont il était séparé de biens, se retrouve dans d'autres pièces, par exemple dans un arrêt imprimé du 15 février 1704 (Arch. Col., C¹8, ff. 133-134).

3. Arch. des Col., C⁸, f⁰ 92. Je ne trouve pas les noms de ces navires dans les listes de navires de la Compagnie de la Chine ou de la Compagnie de la mer du Sud qui ont été publiées par MM. Madrolle et Dahlgren, et je n'ai pas fait de recherches spéciales à leur sujet. Il semble cependant que le *Saint-Jean de Groucé* ait existé réellement, car, le 24 mars 1706, deux directeurs de la Compagnie de la Chine écartent la demande de paiement à eux adressée par Antoine Girardin pour quatre mois de solde dus à son défunt père le « s^r Girardin cydevant capitaine du vaisseau le St-Jean de Groucé ».

4. En copie dans Arch. Col., C¹8, f⁰ 139.

conclure de là que, dans les querelles de Canton, le jeune de Boissy n'avait
du moins pas pris parti contre les Pères [1].

De tous ces textes, il résulte que nous devons écrire Jourdan de Groucé
comme il le fait lui-même ou Jourdan de Groussay conformément à l'orthographe actuelle, mais sûrement pas « Jourdan de Grouée ». Quant à
sa profession, j'ignore comment il a débuté [2], mais les documents le qua-
lifient de « négociant à Paris ». Avant sa rencontre avec Bouvet, ce n'était
pas un « armateur », et il ne fut jamais ni «industriel », ni « grand manufacturier de glaces ». L'*Amphitrite* avait embarqué beaucoup de glaces, et
leur écoulement sur le marché chinois fut un des problèmes difficiles auxquels les agents commerciaux durent faire face ; il est exact d'autre part
que c'est Jourdan qui les avait fait inclure dans le chargement. Mais
M. Madrolle, en faisant de Jourdan un manufacturier de glaces, a mal
compris un passage du *Journal* dit de Bouvet de la Touche où, au f° 7, il
est question de « l'intérêt qu'avait Jourdan dans la manufacture de glaces ».
A cette date, « la manufacture de glaces » est la manufacture royale de
glaces, et les « intéressés » en sont les neuf administrateurs ; mais je crois
que le *Journal* se trompe en disant que Jourdan en était administrateur
en 1697-1698 ; sa situation était tout autre. Les « intéressés » vendaient
d'abord les glaces eux-mêmes ; puis ce rôle échut au caissier. Après la
réorganisation de la compagnie en 1695, « l'extension des affaires traitées
par les intéressés fit adopter une autre combinaison consistant à affermer
en quelque sorte la vente des glaces à trois personnes, Radix, Jourdan et
Dubut. Ceux-ci, aux termes d'un traité passé le 16 mars 1696 et de trois
conventions postérieures valables pour neuf ans, prenaient à la compagnie
toutes les glaces qu'elle fabriquait et se chargeaient de les placer chez les
marchands... Malheureusement, au bout de cinq ans, Jourdan et Radix
protestèrent au sujet des comptes de 1700 présentés le 12 août 1701 [3]. »
Le système des trois fermiers fut abandonné en 1702 [4].

<hr>

1. Tout ceci nous est confirmé par la copie incomplète et sans signature d'une lettre à
Jourdan écrite de Canton le 21 février 1699 et qui débute par ces mots « mon cher frère »
(Bibl. Nat., mss. fr. 8972, ff. 244-247) ; elle est extrêmement favorable aux Jésuites. Il ne
semble pas qu'on puisse attribuer cette lettre à un autre qu'à de Boissy, dont le degré de
parenté avec Jourdan paraît ainsi fixé , mais, à la rigueur, on peut supposer dans la copie une
erreur de « frère » pour « père ». [Cf. les *Addenda*.]

2. Je n'ai ni fait ni fait faire de recherches à Marseille sur les origines de Jourdan.

3. E. Frémy, *Hist. de la manufacture royale des glaces en France au XVIIe et au
XVIIIe siècle*, Paris, 1909, in-8, pp. 192-194.

4. Entre temps, Jourdan et Radix étaient devenus « intéressés » dans la Compagnie dite de

Nous avons là une des raisons qui amenèrent la constitution d'une société pour l'envoi d'un navire en Chine : Jourdan avait un tempérament de brasseur d'affaires et ne cessa plus de s'intéresser à l'armement quand il y eut touché ; mais s'il prêta si volontiers l'oreille aux ouvertures du P. Bouvet, c'est que son contrat avec la manufacture royale lui laissait beaucoup de glaces à placer.

Le difficile fut d'obtenir de la Compagnie des Indes l'autorisation pour Jourdan et ses amis d'envoyer un vaisseau à la Chine. Forte de son privilège et bien que l'état de ses finances lui interdît de courir un tel risque, elle prétendait maintenant armer elle-même le navire que le P. Bouvet réclamait[1]. Plusieurs interventions très énergiques de Pontchartrain l'amenèrent enfin à composition. Par un traité en 12 articles signé le 4 janvier 1698[2], la Compagnie des Indes accordait à Jourdan le droit d'envoyer successivement deux vaisseaux faire le commerce direct à la Chine « sans que sous quelque prétexte que ce puisse être espérer sous son nom ou sous aucun autre de proposer d'envoyer un troisième navire directement ou indirectement »[3] ; les deux vaisseaux ne pourront faire de commerce dans les ports situés sur leur route entre France et Chine ; sur chacun d'eux pourront prendre place deux commis de la Compagnie des Indes chargés de surveiller les opérations et qui « seront nourris à la table du capitaine aux frais du dit Sieur Jourdan » ; « les navires reviendront à Port-Louis et la vente des cargaisons de retour se fera par l'intermédiaire de la Com-

Plastrier en 1700, mais cessèrent de l'être lors de la réforme qui remit la Compagnie sur pied en 1702 (cf. E. Frémy, *ibid.*, 195 et suiv.). Je n'ai pas fait de recherches dans les archives de Saint-Gobain, mais il se peut que les indications de la présente note soient à modifier plus ou moins ; le texte reproduit par M. Madrolle p. xxxix (assez incorrectement d'ailleurs ; il faut lire en particulier « 31 janvier » et « douze directeurs ») semble impliquer que Radix ait déjà été « intéressé dans la Manufacture des Glaces » au début de 1699.

1. Cf. la pièce reproduite par M. Madrolle, p. xxxv ; l'original porte la signature des directeurs de la Compagnie des Indes, et se trouve Arch. Col., C¹8, f⁰ 80.

2. Ce que donne M. Madrolle pp. xxxvi-xxxvii n'est pas le traité, mais une proposition antérieure non divisée en articles et où le montant de la redevance n'est pas fixé. Le texte véritable se trouve à plusieurs reprises dans les Archives des Colonies (par exemple C¹8, 95-96 et 101-102), mais on le lit aussi dans la *Relation* de Froger (éd. Voretzsch, pp. 79-81). Mˡˡᵉ Belevitch-Stankevitch (*Le goût chinois*, 51) s'y est trompée, et aussi peut-être Dahlgren (*Les relations commerciales*, 111), car je crois bien que l'indication que le tant pour cent ne jouera qu'au delà des premiers 100.000 écus de la vente ne se trouve que dans l'avant-projet ; en tout cas le texte de Froger ne la donne pas.

3. Jourdan essaya presque immédiatement de passer outre à cette clause, car le projet d'armement de *quatre* nouveaux navires dont il a été question plus haut (p. 27) semble bien être de 1698 ; une main plus récente l'a même daté du 14 mai 1698, je ne sais sur quelle autorité.

pagnie ; celle-ci recevra 5 °/₀ des produits de la vente comme « redevance
pour la communication de son privilège ». Le Conseil d'Etat homologua
le traité le 22 janvier 1698.

Il était temps, car si on songe aux délais qu'exigeait un armement, — la
mise en état du navire, la réunion de l'état-major et de l'équipage, l'achat
et le chargement de la cargaison, — et si on se rappelle d'autre part que
l'*Amphitrite* mit à la voile le 6 mars, on pense bien que Jourdan et ceux
qu'il intéressa dans l'entreprise ne purent mener tout cela à bonne fin en
six semaines ; soucieux de ne pas manquer la mousson et confiants dans
l'autorité de Pontchartrain, ils avaient anticipé sur un accord auquel la
Compagnie des Indes ne se prêta qu'au dernier moment et de très mauvaise grâce [1].

Pour le voyage en Chine, le gouvernement royal vendit à Jourdan la
frégate l'*Amphitrite* qui se trouvait à Rochefort ; elle y fut armée sous la
direction du capitaine de frégate de la Roque, autorisé à accepter ce commandement par un ordre royal daté de Versailles, le 28 janvier 1698 [2]. Le
même jour, le garde de marine Louis de Lagrange, qui se trouvait à Versailles,
obtenait du roi un ordre à M. de la Roque de le recevoir en qualité d'enseigne à bord du navire. Quand Lagrange arriva à Rochefort le 25 février,
l'*Amphitrite* était armée et prête à descendre la rivière pour aller charger
à La Rochelle la cargaison préparée par Jourdan [3].

---

1. Dans un mémoire du 1ᵉʳ avril 1700 (Arch. Col., C¹17, 4r°), la Compagnie de la Chine
prétend que si, par le traité du 4 janvier 1698, elle a accordé 5 °/₀ à la Compagnie des Indes,
alors que la Compagnie de la mer du Sud ne paie rien, c'est que Jourdan, dont le vaisseau était déjà prêt et chargé, a été surpris par la protestation de la Compagnie des Indes et
a eu ainsi la main forcée. Inexacte dans les termes — le vaisseau n'était pas encore « prêt et
chargé » —, la déclaration de la Compagnie de la Chine est assez juste quant au fond. Il est
déjà question de l'*Amphitrite*, moins le nom, dans un court mémoire de Jourdan à Pontchartrain qui est du 6 décembre 1697 (cf. Madrolle, p. xxxiv ; Belevitch-Stankevitch, 50 ; le document original est Arch. Col., C¹8,81).

2. Arch. Nat., Mar., B² 130, f° 48 v°.

3. *Voyages curieux*, pp. 204-205. C'est donc à tort qu'on donne généralement l'*Amphitrite*
comme armée à La Rochelle (par exemple Madrolle, p. xxxvii) ; l'armement à Rochefort est
d'ailleurs indiqué aussi par Arch. Col., C¹8, f° 6. Le terme d' « affrété » qu'emploie
M. Madrolle n'est pas exact non plus. L'*Amphitrite* avait été réellement vendue à Jourdan,
comme le prouvent les textes de Mˡˡᵉ Belevitch-Stankevitch, *Le goût chinois*, 51-52 ; ceci résul-
tait d'ailleurs avec évidence des efforts qu'a faits la Compagnie de la Chine, le 6 décembre 1703
et le 9 février 1704, pour revendre l'*Amphitrite* à Sa Majesté « de qui elle l'a achetée » ; l'*Amphitrite*, retour de son second voyage, était alors à Brest (Arch. Col., C¹8, 129 ; cf. aussi les
documents des Arch. Mar. dans Belevitch-Stankevitch, *Le goût chinois*, 71). M. Madrolle dit
(p. 2) que, « selon le goût mythologique de l'époque, et pour assurer une navigation plus
facile, le vaisseau reçut le nom de la déesse des mers », mais ce n'est là de sa part qu'une

Les instructions adressées par le roi à de la Roque le 8 février 1698 valent d'être publiées[1].

Memoire pour seruir d'instruction au s^r de La Roque Capitaine de fregatte legere Commandant une fregatte armeé pour le voyage de la Chine auec permission du Roy.

Sa Ma^té ayant agréé que le s^r de la Roque commandast cette fregatte Elle veut bien luy recommander d'auoir principalement en veüe l'utilité et l'auantage de ceux qui ont fait la depense de cette expedition et son intention est qu'il se conforme aux Instructions quils luy donneront pour le bien de leur commerce.

Elle n'a rien a leur prescrire sur sa nauigation jusqu'au détroit de la Sonde qui est ordinaire et connue s'en remettant a sa capacité et a l'experience des off^s et Pilotes qui doiuent seruir sous ses ordres. Mais comme celle de ce Destroit a la Chine ne l est pas esgalement, Il obseruera avec toute lexactitude possible les terres qu'il reconnoistra, les mouillages ou il touchera, les mouuements des marées, Les courants et les vents qui y regnent differemment suiuant les saisons, Comme il sera obligé de prendre des pilotes costiers dans les endroits ou il en pourra trouuer Il aura soin de trauailler auec Eux a toutes les obseruations et les reduira de maniere qu Elles puissent seruir aux autres Vaisseaux soit de Sa Ma^té, soit a des particuliers qui iront de ce costé.

Il abordera au port de la Chine qui luy aura esté marqué par ses armateurs et se conformera a cet esgard a ce qu ils auront désiré.

Sa Ma^té ne luy prescrit rien pour les saluts qu^l aura a donner ou a demander parce qu'Elle n'a pas pu preuoir les cas ausquels il tombera a cet Esgard, mais Elle est seulement bien aise de luy expliquer que le peu de commerce et de Relation que nous auons auec ce pays rend indifferentes pour le point d honneur la pluspart des choses que peuuent s'y passer, ainsy a moins q^l ne puisse sans commettre les interêsts de ses armateurs obtenir des distinctions auantageuses a la nation, par Exemple d'estre salué ou de quelqu'autre manière suiuant les vsages de ce Pays la. Il se conformera a ce que font les Anglois et les hollandois, obseruant en ce cas de declarer que le vaũ q^l commande n'est point un vaũ de sa Ma^té mais un simple marchand, afin que ce q^l fera en cette occasion ne puisse pas estre tiré a consequence pour l'adeunir, s'i^l conuient par la suitte a sa Ma^té d'y enuoyer de ses v^x.

A l esgard des v^x des autres nations q^l trouuera a la mer il ne les saluera pas a moins d'y estre forcé ny ne leur demandera aucun salut.

Il aura un tres grand soin de connoistre parfaitement les costes de la Chine ou ils aborderont, et de s informer des vents qui y regnent dans tous les temps, des marées,

induction. Les textes fort intéressants qui ont été cités pour la première fois par Mlle Belevitch-Stankevitch (51-52) montrent que la frégate s'appelait l'*Amphitrite* avant son acquisition par Jourdan. On ne comprend toutefois pas comment Mlle Belevitch-Stankevitch peut encore écrire, contre la lettre de ses documents, que « l'armement eut lieu à La Rochelle pendant les années 1697 et 1698 ».

1. Arch. Nat.. Mar., B² 130, ff. 54-56 ; minute dans Arch. Col., C¹8, 88-89. Quelques passages en ont été reproduits dans Belevitch-Stankevitch, *Le goût chinois*, 52-53.

des courants et de tout ce qui peut contribuer a y aborder séjourner et en partir a propos, s'il peut mesme trouuer en ce Pays des Cartes des ports, Rades et costes et des memoires de la nauigation des Chinois, il les apportera auec luy et les enuoyera a sa Ma^té aussy tost q^l sera de retour.

Il aura soin pendant le Sejour q^l fera en ce Pays de s'Informer de la maniere dont se fait le commerce de cette nation auec les autres, tant de l'Asie que de l Europe afin d en pouuoir donner a son retour des memoires exacts sur lesquels on puisse regler a l aduenir celuy qu'on y pourroit faire.

Il s informera aussy de ce qu'il doit faire en abordant les differents ports de la Chine suiuant les coustumes et usages des lieux afin que les v^x qui pourront y aller a l aduenir ne tombent dans aucune faute ny dans aucun contretemps auec les Gouuernenrs, off^rs des lieux ou autres qui y auront authorité.

Il suiura pour Son séjour en ce Pays la, pour le chargem^t de son vaũ et pour le temps de son retour, ce que (*sic*) luy aura esté prescrit par ses armateurs.

En cas q^l touche en chemin faisant a quelque Poste de hollandois ou des anglois ou il y a des forteresses il en observera la situation et la force, et la manière de les attaquer auec auantage en temps de guerre, en prenant garde cependant de ne se pas commettre, et il en enuoyera a son retour des Memoires a sa Ma^té les plus exacts q^l pourra.

A Versailles le 8 Février 1698.

Ces instructions sont claires. La Roque doit, au point de vue commercial, se plier aux instructions des armateurs ; par ailleurs il réunira tous les renseignements d'ordre maritime, militaire, économique qui pourront être utiles par la suite au gouvernement du roi ; mais surtout il ne manquera pas, le cas échéant, « de déclarer que le vaisseau qu'il commande n'est point un vaisseau de Sa Majesté, mais un simple marchand ». Sage précaution en apparence, mais qui allait à l'encontre de bien des intérêts, et les efforts faits pour la tourner furent en Chine une source de longs et violents conflits.

Jourdan entendait gagner de l'argent [1] ; Bouvet voulait d'abord assurer le passage de ses confrères en Chine, mais aussi faire servir le voyage de l'*Amphitrite* au renom et à l'influence de la mission française de Pékin en donnant au voyage du navire une apparence aussi officielle que possible. Brochant sur cette première équivoque, grosse de complications futures,

---

1. On ne revit plus, avec Jourdan et ses associés, un cas analogue à celui des *Articles de la Compagnie pour le voyage de la Chine, du Tonquin et de la Cochinchine*, etc., Paris, 1660, qui débutent ainsi : « Pour la Propagation de la Foy, & l'establissement du commerce dans l'Empire de la Chine, les Royaumes du Tonquin, & de la Cochinchine & Isles adjacentes, les Articles cy après ont esté arrestez... » Désormais, le commerce est bien passé au premier rang.

le disparate des officiers et des passagers et les choix malheureux qui furent faits pour les postes responsables rendirent vite intenable la vie commune toujours difficile en des croisières de longue durée. Les officiers de la marine royale montraient peu d'estime à ceux qui n'avaient jamais navigué qu'au commerce ; la situation des directeurs embarqués par la société de Jourdan était laissée dans le vague par rapport à celle du commandant du bateau pour les relations avec les autorités chinoises ; moins clair encore était le rôle des deux commis représentant la Compagnie des Indes Orientales, dont l'opposition éventuelle d'intérêts avec la société de Jourdan eût cependant réclamé des attributions très nettement définies ; l'ignorance du pays, des mœurs et de la langue mettait les uns et les autres, une fois en Chine, dans une dépendance excessive vis-à-vis des Jésuites qu'ils amenaient ou qu'ils trouvaient. De tout cela on eût pu triompher peut-être si on n'eût pris comme à plaisir les hommes que leur caractère rendait le moins aptes à s'accorder.

Je n'ai pas réussi à déterminer jusqu'ici les attaches familiales du commandant, le chevalier de la Roque[1], bien que Lagrange nous apprenne, dans ses *Voyages curieux* (p. 206), qu'il était « d'une bonne famille bourgeoise de Paris ». L'*Alphabet Laffilard* et le dossier de la Roque (Arch. Nat., Mar. C⁷168) permettent de suivre sa carrière administrative : capitaine de brûlot, 1ᵉʳ juillet 1673 ; enseigne de vaisseau, 28 décembre 1673 ; à la Bastille, 15 décembre 1679 ; élargi, 9 janvier 1680[2] ; lieutenant de vaisseau, 1ᵉʳ janvier 1682 ; capitaine de frégate, 1ᵉʳ janvier 1693 ; capitaine de vaisseau, 1ᵉʳ janvier 1703[3]. Cette dernière nomination était posthume : la Roque, qui commandait la *Mutine*, et ayant avec lui M. de Saint-Vandrille qui commandait l'*Hermione*, avait été tué le 6 novembre 1702 au fort de Gambie en Guinée par M. de Vauquelin qu'il venait de rudoyer[4].

1. Dans l'*Armorial Général* de d'Hozier, je ne trouve que deux « La Roque » de la Généralité de Paris (1ᵉʳ registre, table, avec renvoi aux pp. 1102 et 1308). Mais à la p. 1102 (partie de 1698), on a seulement « Denis de la Roque, bourgeois de Paris », avec ses armoiries. Le renvoi à la p. 1308 est inexact. Je n'ai pas poussé la recherche plus loin ; il faudrait en particulier consulter les « Dossiers bleus ».

2. Funck-Brentano, *Table gén. des arch. de la Bastille*, a « La Roque (De), 1679, B., 10364 » ; il s'agit donc bien de quelqu'un détenu à la Bastille en 1679, et qui doit être notre officier de marine ; mais je n'ai rien trouvé dans les volumes sur 1679 des *Archives de la Bastille* de Ravaisson.

3. Toutes les nominations précédentes rattachent la Roque à Brest ; seule la dernière compte pour Port-Louis.

4. Le dossier de la Roque contient la pièce originale du 7 juin 1702 fixant les conditions faites à la Roque et à Saint-Vandrille pour l'armement des frégates la *Mutine* et l'*Hermione*. Des détails plus circonstanciés sur la mort de la Roque se trouvent dans Lagrange, *Voyages curieux*, 296.

A côté de cette sèche chronologie, il convient de placer le portrait que
Lagrange trace du commandant (*Voyages curieux*, 206) : « M^r de la roque
estoit un homme de 50 ans bien fait de sa personne que les officiers sur-
nommoient le beau tres galand auec les dames, auoit eu souuent des affaires
dhoneur dont il sestoit tiré a son aduantage, auoit esté blessé dangereu-
sement au col a la uigoureuse attaque du fort et de lisle de tabago lorsque
le mareschal destrees la prît sur les holandois l'an   [1] mais ces bonnes
qualités estoient trauerseés par beaucoup damour propre un esprit inquiet
et malin uiolent et emporté lauarice et par la hauteur dont il traitoit ceux
qui seruoint sous ses ordres et difficulteux pour ceux qui le comman-
doint, dailleurs les frequens passages de la ligne equinoxiale et les cha-
leurs des tropiques acheuerent debranler son cerueau deias en desordre...
Quelques directeurs et interessés dans cette compagnie mecontens de ce
quil faisoit embarquer plus deffets a son profit que la ualeur de dix mille
liures quils luy auoient acordés crainans ses procedés uiolens ainsi que les
peres iesuites penserent a luy faire oster son commandement et trauail-
lerent enuers le ministre a luy substituer un autre officier, mais luy fin et
habile en ayant eu le uend par un des commis du bureau se hastal et de
me recevoir rencune tenante et de partir en diligence des rades de la
rochelle crainte de receuoir un affront et de perdre les prouisions consi-
derables quil auoit faites ou emprunteés pour cette longue campagne hono-
rable et lucratiue puisquil en raportat la ualeur de quatreuins miles liures. »
Le portrait est évidemment poussé au noir, et Lagrange, après bientôt un
demi-siècle, ne pardonnait pas à la Roque son mauvais accueil quand,
contraint de l'accepter à son bord par l'ordre du roi, il lui avait dit en
manière de conclusion : « Vous n'aurez pas d'agrément avec moi ; prenez
vos mesures là-dessus. » Et la suite de leurs relations avait été digne de ce
début. Mais trop d'incidents au cours du voyage montrent en effet la vio-
lence et l'avarice du commandant. D'ailleurs, nous avons pour une époque
antérieure un témoignage concordant. Dans l'escadre que M. de Gennes
mena sur les côtes de l'Amérique du Sud en 1695-1697, de la Roque commandait le *Séditieux*, de 26 pièces et 140 hommes. Dès les premiers temps
de l'expédition, de la Roque, contre les ordres de son chef, se rendit à
Madère où, selon de Gennes, il « resta douze jours à se divertir et à faire
des illuminations », alors qu'on l'attendait avec inquiétude à Gorée. Au
retour, de Gennes dénonça de la Roque comme coupable d'avoir porté

---

1. Lagrange a laissé en blanc la date, qu'il ne se rappelait évidemment pas de façon précise ; il faut lire 1678.

préjudice à l'entreprise par ses affaires privées ; même avant cette date, dans une lettre écrite de Bahia, il l'avait accusé d'avoir été « la seule et unique cause du manque de réussite du voyage » que l'on voulait faire dans la mer du Sud [1]. Jourdan et ses amis avaient une si grande confiance dans de Gennes que, vers cette même époque, ils ne concevaient pas que les deux navires qu'ils comptaient envoyer à la mer du Sud pussent être commandés par un autre que lui ; et c'est cependant de la Roque, pour qui de Gennes se montrait si sévère, qu'ils choisirent ou qu'il acceptèrent comme commandant de l'*Amphitrite*. La vérité est que, pour des raisons inconnues, Pontchartrain, le 15 janvier 1698, avait recommandé de la Roque à Jourdan comme un « très bon sujet, très capable de bien conduire ce voyage et d'en procurer un heureux succès » [2].

La Roque ne partait d'ailleurs pas très bien disposé pour une partie au moins de ses officiers. Quand Lagrange lui arriva avec l'ordre royal devant lequel il fallut bien s'incliner, le commandant lui conseilla d'abord de se désister, vu « quil auoit sufisament dofficiers la compagnie luy en ayant fourni quelquesuns sans expérience quil auoit esté contraint dacepter ainsi que ceux que la cour luy auoit nommés » (*Voyages curieux*, 205).

Le premier capitaine en second et « directeur honoraire » est simplement appelé Geraldin par Froger (pp. 1, 2, 25) ; il y avait aussi à bord un enseigne, Geraldin le jeune, âgé de 27 à 28 ans en 1698 (*Voy. curieux*, 238), et qui était le frère cadet du premier (*ibid.*, p. 51). L'*Alphabet Laffilard* connaît deux Géraldin dans la marine royale (ils se confondent . peut-être ?), l'un lieutenant de frégate à Brest le 1er janvier 1693 ; l'autre, André de Géraldin, de Saint-Malo, toujours rattaché au port de Brest, capitaine de brûlot, 1er janvier 1691 ; capitaine de frégate, 1er janvier 1703 ; capitaine de vaisseau 23 avril 1708 ; mort à Brest soit en 1731, soit le 14 avril 1738 ; ce doit être lui qui, en 1708, commandait le *Saint-Michel* sous Duguay Trouin [3]. Il est cependant à peu près impossible qu'il s'agisse ici d'André de Géraldin. Les Géraldin avaient des branches à Brest, à Dunkerque et à Saint-Malo, et leur famille, d'origine irlandaise, se rattachait aux Fitz-Gerald, dont ils avaient francisé le nom. Des Geraldin et des Fitz-Gerard sont connus comme corsaires vers 1700. Nos deux frères Géraldin étaient bien des Fitz-Gerald, mais dont

---

1. Cf. Dahlgren, *Voyages français à destination de la mer du Sud*, dans *Nouv. arch. des Miss. Scientif.*, XIV [1907], 448 ; *Les relations commerciales*, I, 101-102.
2. Belevitch-Stankevitch, *Le goût chinois*, 52.
3. Voir la liste des officiers à la fin des *Mémoires* de Duguay-Trouin.

l'établissement en France devait être tout récent. Dans mon mss. (91 v°),
Lagrange appelle l'aîné « de geraldin de fichgerard » ; dans ses *Voyages
curieux* (p. 237), il dit que le capitaine en second était un Anglais au service français, et parle de lui sous la forme de « Girardin dit Fich-Gerald,
gentilhomme anglois » (p. 238) ; la lettre de Visdelou à Jourdan datée de
Canton, 16 février 1699, écrit « Figeral ». Géraldin « estoit fort apuyé par
les directeurs de la compagnie ainsi que des iésuites », mais il n'avait « nul
grade dans le corps de la marine » (*Voyages curieux*, 238, 296). La Roque
se brouilla naturellement avec le premier de ses subordonnés. A son anti-
pathie naturelle pour lui s'ajouta du mépris parce que, le 19 août 1698,
Géraldin, envoyé saluer le *sahbandar* de Malacca, fit preuve d'une maladresse
que la Roque considéra comme de la lâcheté. Lagrange ayant tenu à ce sujet
des propos indiscrètement défavorables sur le capitaine en second et en
général sur ceux de sa « nation », La Roque l'apprit et s'empressa d'en
aviser Géraldin pour opposer l'un à l'autre deux hommes qu'il détestait
également. Géraldin chargea son jeune frère de demander raison à Lagrange ;
les deux enseignes passèrent à terre pour se battre, mais, au dernier
moment, le jeune Géraldin refusa de tirer l'épée (*Voyages curieux*, 238).
Plus tard, Lagrange note dans sa *Relation* adressée à Pontchartrain
(91 v°) : « Le 7ᵉ aoust [1699] mr le chēr de Larocque ayant assemblé son
équipage, officiers, et soldats sous les armes leurs defendit a tous de la part
du roy de reconoistre dors en avant le sr de geraldin de fichgerard et
linterdit pour des raissons particulieres quil dit ne dire qua la cour et que
personne ne scait. » La Roque était alors brouillé avec l'ensemble de ses
officiers ; mais les jésuites français Broissia et Domenge, M. Basset des
Missions Étrangères et le P. Rubio, Augustin espagnol, s'entremirent et
amenèrent le 16 août une sorte de réconciliation (*ibid.*, 91-92) ; en fait,
nous retrouvons Géraldin faisant son service postérieurement à cette date
(Froger, éd. Voretzsch, 110). La famille continua d'être représentée dans
les affaires de la société Jourdan devenue Compagnie royale de la Chine ;
c'est un « de Figerald » qui dirige le personnel commercial embarqué sur
l'*Amphitrite* à son second voyage ; un « Giraldin de Figeral », actionnaire,
était mort avant 1711 [1]. Et je ne suis pas sûr qu'il ne faille pas faire inter-

1. Cf. Madrolle, *Premiers voyages*, pp. LIV, 56, 154-155, 221. Il est évidemment très tentant
de voir dans le « Figerald » du second voyage, et peut-être dans l'actionnaire « Giraldin de
Figeral » mort avant 1711, le « de Geraldin de Fichgerard » du premier voyage, premier capitaine en second et directeur honoraire, qui n'avait pas de grade dans la marine royale. Les
mêmes hommes, dans la navigation marchande, passaient de la direction commerciale au commandement des navires et inversement ; on en verra plus loin un cas avec de Benac. Le titre

venir ici également les « Girardin » qui ont été mentionnés plus haut (p. 27) ou celui dont il est question dans Arch. Col., C¹ 18, 193 r°.

Le second capitaine en second est appelé Salioz dans la traduction de Saxe Bannister, Saliot dans le mss. d'Ajuda (éd. Voretzsch, pp. 1,110) ; M. Madrolle (p. 2) a adopté Sallioz ; la lettre de Visdelou à Jourdan a Saillot, qui paraît être la bonne forme ; on trouve aussi Salliot. Ce personnage avait déjà dû visiter les mers des Indes. En effet Froger (éd. Voretzsch, p. 41) écrit que le 11 septembre 1698, à Malacca, « nous congediames nos Pilotes Portugais et primes en leur place deux Anglois qui se rencontrerent là par hazard, et dont le plus vieux nauiguoit depuis longtemps dans les Indes pour la Compagnie Françoise ». D'autre part, dans leur lettre-rapport sur le voyage de l'*Amphitrite*, datée de Canton, 17 février 1699, les deux commis de la Compagnie des Indes embarqués sur le navire de la société Jourdan, Jean Pechberty et Jean Deu, signalent qu'on prit à Malacca deux pilotes anglais dont l'un, nommé « deuenpor » (Davenport ?), « fut reconnu par Mr Salliot » [1]. Quand l'*Amphitrite* mit à la voile le 26 janvier 1700 pour son voyage de retour, elle laissa en Chine les trois directeurs de la Compagnie, Saillot, deux commis et six autres Français [2]. Le 1er janvier 1701, alors que le premier directeur s'était brouillé avec les commis, Saillot, qui était à Macao, s'embarqua sur un

même de « directeur honoraire » qu'avait le premier capitaine en second lors du premier voyage est favorable à l'hypothèse d'une mutation éventuelle de ce genre, et de même le fait qu'on avait prévu à Paris, en envoyant l'*Amphitrite* la première fois, que « Geraldin » remplacerait de Benac à la tête du comptoir si Benac se rendait à Pékin (Froger, éd. Voretzsch, 51). Un renseignement du *Journal* dit de Bouvet de la Touche est peut-être aussi à invoquer ici, quoique le détail des faits m'échappe. De même que le « Géraldin » du premier voyage avait avec lui un neveu comme enseigne, le « Figerald » du second voyage avait un cousin (M. Madrolle ne dit rien de ce cousin, p. 56 ; j'ignore s'il portait le même nom et quelle était sa qualité). Or, le 3 janvier 1702, Figerald communiqua à l'auteur du *Journal* (Madrolle, pp. 154-155) « le dessein qu'il avoit formé d'envoyer son cousin à Madras, par le vaisseau de M. Pitt, pour y copier, disait-il, des journaux et des cartes de l'est de Java qu'un de ses amis, quy estoit à Madras, luy avoit promis dès son premier voyage, et que la Compagnie luy avoit ordonné de rechercher et de recueillir avec soin ». Ce texte ne paraît guère laisser de doute que Figerald avait déjà été en Chine, et il est tout naturel de penser que c'est sur l'*Amphitrite*. Toutefois l'*Amphitrite* n'avait pas passé par Madras, et on devrait alors envisager comme l'hypothèse la plus vraisemblable que cet ami qui se trouvait à Madras en 1702 avait fait lui-même, en 1699, un voyage à Canton où Figerald, alias Géraldin, l'aurait connu.

1. Cette lettre, parfois intéressante, se trouve en copie dans Arch. Col., C¹ 8, 150 *bis*-155. Il me paraît probable que l'*Amphitrite* reprit le même pilote à son second voyage, et que c'est là le « Daucimpor » (lire « Daueinpor » ; le mss., aux pp. 42 et 43, a « Daucinpor ») qui mourut à bord du navire le 29 septembre 1701 (cf. Madrolle, pp. 84, 95). Cf. les *Addenda*.

2. Saillot est nommé ici à bon droit par Saxe Bannister (cf. Madrolle, 51) ; son nom est omis dans le mss. d'Ajuda (éd. Voretzsch, 125).

navire commandé par un Arménien qui le mena à Malacca ; de là il se rendit à Madras, où il arriva le 20 février, trop tard pour pouvoir aller prendre
à Pondichéry le *Phélypeaux*, de la Compagnie des Indes, qui en partit le
22 ; il confia alors à un capitaine anglais les lettres apportées par lui de
Chine, ainsi que les siennes propres datées de Madras, 28 février 1701 ;
mais lui-même ne put s'embarquer, faute d'argent [1].

Le troisième capitaine en second était Froger de la Rigaudière, qui
signait La Rigaudière-Froger. L'*Alphabet Laffilard* connaît deux La Rigaudière Froger, tous deux rattachés au port de Rochefort. Le premier fut
volontaire, 19 novembre 1694 ; faisant fonctions d'enseigne, 22 décembre
1694 ; capitaine de flûte, 1er janvier 1703 ; capitaine de brûlot, 12 janvier
1706 ; lieutenant de vaisseau, 25 novembre 1712 ; chevalier de Saint-Louis,
25 novembre 1712 ; capitaine d'infanterie, 21 février 1724 ; mort chez lui à
Rochefort, 13 mars 1728. Le second, nommé garde de marine le 15 janvier 1704, enseigne de vaisseau le 25 novembre 1712, fut tué par les for-
bans en 1717 alors qu'il commandait la *Sainte-Anne*, du Hâvre. Je ne
doute pas qu'il s'agisse du premier, car Lagrange spécifie (*Voyages curieux*,
308 v°) que le Froger de la Rigaudière capitaine en second lors du premier voyage de l'*Amphitrite* mourut lieutenant de vaisseau à Rochefort.
Ce Froger de la Rigaudière fut le commandant de l'*Amphitrite* lors de
son second voyage en 1701-1703 ; M. Madrolle a publié la carte qu'il
dressa alors de la baie de Kouang-tcheou-wan et qui porte sa signature
autographe « La Rigaudière Froger ». La même signature autographe se
trouve à la fin d'un mémoire conservé dans les Arch. Col., C¹18, 6-53, qui
est intitulé : « Instruction courte et necessaire pour le voyage de France
a la Chine. Cette instruction est tirée de mes journaux des voyages faits à
la Chine sur le vaisseau L'Amphitrite armé à Rochefort et party en mars
1698 et desarmé à Brest en aoust 1703 » ; après la signature, on lit : « Fini
à Brest ou j'ay desarmé en aoust 1703 [2]. » C'est vraisemblablement ce
même Froger de la Rigaudière qui a commandé l'*Aurore* en 1706-1708,
et dont le *Journal* est aux Arch. Nat., Mar., B⁴ 34. Quant au second La
Rigaudière- Froger de l'*Alphabet Laffilard*, il est possible, mais non sûr,

---

1. Arch. Col., C¹ 17, ff. 166 et suiv., et f° 176 v°.

2. Ce sont en réalité des instructions nautiques, avec profils ; rien de politique ; aucun
détail sur les incidents des deux voyages. On voit toutefois par ce texte que Froger de la
Rigaudière avait tenu journal des deux voyages de l'*Amphitrite*; mais on ne paraît pas avoir
retrouvé trace de ces journaux jusqu'ici.

que ce soit ce neveu que le commandant prit à son bord comme enseigne lors de son second voyage [1].

Le La Rigaudière qui fut capitaine en second lors du voyage de 1698-1700 semble avoir été un officier sérieux, appliqué à son métier, et qui se tint autant que possible à l'écart des querelles où tant de ses compagnons se jetaient avec passion. Son subordonné du second voyage, le soi-disant Bouvet de la Touche, l'accuse cependant d'avoir formé pendant le second voyage, avec deux vieux amis, un lieutenant et le chirurgien, une clique qu'il appelle le « triumvirat » ; La Rigaudière aurait été en outre un « partisan déclaré » des jésuites et « attendait son avancement » de leur « recommandation » [2].

Les deux lieutenants étaient MM. de Boissy et de Barilly. On a vu que M. de Boissy était un jeune parent de Jourdan, son frère beaucoup plus jeune ou peut-être même son fils. Il ne semble pas qu'il fût marin de carrière, et on ne le retrouve pas par la suite. Selon toute vraisemblance, il ne devait qu'à la situation de Jourdan dans la Société le rang relativement élevé qui lui avait été accordé, et il devait être visé au premier chef quand La Roque parlait des officiers « sans expérience » que la Compagnie lui avait fournis et « qu'il avait été contraint d'accepter ». Quant à M. de Barilly, un enseigne de Barilly était « présent » à Port-Louis en 1706-1707 [3]. D'après la liste des officiers ayant servi sous Duguay Trouin et qu'on trouve à la fin des *Mémoires* du grand marin, de Barilly fut enseigne sur le *Furieux* en 1703, sur le *Jason* en 1704 et 1705, premier enseigne sur le *Jason* en 1706, lieutenant sur le *Lys* en 1707, sur le *Saint-Michel* en 1708, sur le *Jason* en 1709. Il est extrêmement probable que c'est là le Barilly de l'*Amphitrite*. A en juger par son nom, on le peut supposer fils ou neveu du de Barilly qui était contrôleur de la marine en 1698 [4] : lui aussi devait être de ces officiers dont la faveur avoit imposé l'embarquement à de la Roque.

Les enseignes étaient MM. de Sabrevois, de Lagrange, de Beaulieu, de Géraldin le jeune et Filye (celui-ci d'après le mss. de Saxe Bannister, mais

---

1. Contrairement à ce que dit M. Madrolle pp. 2 et 56, ce jeune de la Rigaudière n'était pas du premier voyage ; il eût été d'ailleurs anormal qu'il eût servi comme lieutenant dans le premier voyage et que son oncle ne l'eût pris que comme enseigne dans le second ; cf. *supra*, p. 15.

2. *Journal*, pp. 38 et 424 du manuscrit ; le premier passage n'a pas été reproduit par M. Madrolle ; le second a été modifié.

3. Fr. Jégou, *Hist. de Lorient port de guerre*, 431.

4. Fr. Jégou, *Lorient arsenal royal (1690-1697)*, Paris, 1878, in-8, p. 84.

il n'était probablement que cadet). J'ai déjà parlé de Lagrange, de Géraldin
le jeune et de Filye. Sur Beaulieu, je sais peu de chose, sauf qu'il embarqua à nouveau comme enseigne sur l'*Amphitrite* lors du second voyage[1].
Sabrevois est plus connu. Lagrange écrit Sabrevoir (*Voy. Cur.*, 238, 247),
tout comme l'*Abrégé* du *Journal* de la Roque, et on a Sabrevoirs dans la
lettre de Visdelou à Jourdan, mais la forme Sabrevois employée par Froger
(éd. Voretzsch, 1, 55, 101, 108) est confirmée par d'autres sources. Selon
l'*Alphabet Laffilard*[2], de Sabrevois, rattaché à Rochefort, fut nommé
garde de marine le 1er janvier 1692, enseigne de vaisseau le 1er janvier
1703 et est mort noyé le 30 septembre 1709 ; une main postérieure a ajouté
le 9 mai 1709 comme date de la mort; il aurait commandé le 9 mai 1709
une prise faite par Duguay Trouin. D'après le *Répertoire hist. et biogr.*
de la Gazette de France de de Granges de Surgères (IV, 134), Sabrevois
était en 1709 sur une prise faite par Duguay Trouin et qui coula deux heures
plus tard (22 juin). Le *Dictionnaire de la Noblesse*[3] de de la Chesnaye
Desbois (XVIII, 23) écrit aussi Sabrevois et dit que la famille est nor-
mande. Mais Lagrange (*Voy. curieux*, 238) parle de « sabreuoir de blois
lequel fut escrasé en sautant a labordage dun vaiss^x enemy quelques
annees apres ». Le 1er mars 1699, la Roque renvoya Sabrevois en Europe,
par un navire anglais qui allait à Batavia, afin de donner à la Cour des
nouvelles de l'*Amphitrite* ; ce navire anglais repartit le 30 avril de Batavia
vers l'Europe par le Cap (Froger, éd. Voretzsch, 101, 108 ; *Relation* de
Lagrange, 88 r°)[3]. Sabrevois, d'après tout ce qui est dit de lui dans les
relations, fut un officier consciencieux et qui n'intriguait point.

---

1. Cf. Madrolle, p. 56 ; Bouvet, dans *Lettres édif.*, 2e recueil, p. 124. [Cf. les *Addenda*.]

2. L'*Alphabet Laffilard* connaît deux de Sabrevois ; mais l'un fit toute sa carrière au Canada
où il mourut en 1727 ; c'est de l'autre qu'il s'agit ici.

3. Il est évident que c'est Sabrevois qui emporta la série de lettres écrites de la rivière
de Canton vers le 20 février 1699, lettres de Prémare et de Bouvet au Père La Chaize, de
Gherardini au duc de Nevers, de Visdelou à Jourdan, de Boissy à Jourdan, de Pechberty et
Deu à la Compagnie des Indes orientales (nous le savons pour ces dernières par un post-scrip-
tum du 24 février). Dans ses *Relations curieuses*, 295-296, Lagrange fournit une version assez
étrange de l'envoi de Sabrevois en France. La Roque, de plus en plus violent, avait donné à
Lagrange l'ordre d'arrêter les directeurs de la Compagnie dans leur maison; mais ceux-ci
s'armèrent avec leurs ouvriers et leurs domestiques, et Lagrange fut heureux d'avoir ainsi
une excuse pour rentrer à bord sans rien faire. Sur quoi les directeurs, les jésuites et
quelques-uns des officiers n'appartenant pas à la marine royale firent une ordonnance au nom
du roi et de la Compagnie de la Chine par laquelle ils ôtaient son commandement au chevalier
de la Roque et nommaient en sa place le premier capitaine en second Géraldin, bien qu'il
n'eût « nul grade dans le corps de la marine ». Mais l'esprit de corps des officiers de la marine
royale reprit ses droits devant cette ordonnance « monstrueuse » ; la Roque, vieux routier,

A côté de cet état-major assez mêlé [1], l'*Amphitrite* emmenait trois directeurs de la Compagnie de Jourdan, à savoir : de Benac, premier directeur du commerce ; Le Pouletel, directeur et caissier ; Lucien Boizard, directeur et contrôleur. La personnalité marquante était celle de Benac, qui se trouvait être aussi violent et déraisonnable que le chevalier de la Roque. Le chevalier Benoît de Benac, d'après une information de Lagrange (*Voyages curieux*, 296), était Bayonnais [2]. Lagrange, qui était son ami, le qualifie d' « homme mélancolique ». En 1708, un riche commerçant de Dunkerque, Piécourt, mit Benac à la tête d'une flotte de cinq navires qu'il envoyait à la mer du Sud ; Benac avait pris personnellement le commandement de la *Princesse*. Une malchance insigne le poursuivit et il n'arriva qu'en novembre 1708 à l'embouchure du Rio de la Plata, avec des équipages gravement atteints du scorbut ; il fallut un arrêt de longs mois pour les remettre. Benac perdit la tête, et, en 1709, après avoir vainement tenté de se couper la gorge, il se jeta à la mer ; son corps, ramené à la côte par les flots, fut retrouvé quelque temps après [3]. On a déjà vu incidemment quelques épisodes des rapports tendus de Benac avec la Roque. Leur

sut manœuvrer et reprendre le dessus ; il cassa Géraldin et envoya Sabrevois se plaindre à la Cour de « l'attentat des directeurs et autres sujets qui s'étaient bandés contre lui ». Les directeurs, « appuyés du suffrage des jésuites », écrivirent de leur côté à la Compagnie des lettres très vives pour se plaindre de M. de la Roque et envoyèrent en France un de leurs commis. Mais Lagrange, après 44 ans, paraît ici confondre les faits et les dates. Dans leur lettre du 17 février 1699, les commis de la Compagnie des Indes, Pechberty et Deu, tout en reconnaissant qu'on leur avait dit la Roque fort violent et qu' « en certaines rencontres nous en avons même connu quelque chose », ajoutent que, vis-à-vis des directeurs de la Compagnie de Jourdan, « suivant ce que nous avons vu et les rapports qui nous ont été faits, il a eu jusqu'à présent beaucoup de modération ». Ils ne s'exprimeraient pas ainsi si les incidents narrés par Lagrange s'étaient déjà produits à cette date. On ne peut pas davantage les placer entre le 17 février et le 1er mars. En effet, dans sa *Relation* de 1700 adressée à Pontchartrain, Lagrange raconte avec détails le départ de Sabrevois le 1er mars, mais c'est seulement le 9 août qu'il place la scène où la Roque casse Géraldin pour des motifs « qu'il dit ne dire qu'à la Cour et que personne ne sait ». Lagrange a donc amalgamé après coup des faits qu'il a connus sur place avec d'autres dont il n'a eu le détail qu'après le voyage, et son souvenir a brouillé l'ordre des événements ; c'est un des cas où il ne devait plus avoir en 1740 et 1743 certaines de ses notes de 1698-1700. La lettre de Visdelou à Jourdan laisse néanmoins entendre que, dès février 1699, il s'était produit des difficultés qui ne sont sans doute pas étrangères à la mission de Sabrevois.

1. Par tout ce qui précède, on voit combien M. Madrolle s'est trompé en disant (p. 1) que « l'état-major avait été recruté avec soin, la plupart des officiers avaient l'expérience des grandes traversées ».

2. Son prénom de Benoît est donné par une pièce des Arch. Col., C¹ 8, f⁰ 147 r⁰. [Cf. les *Addenda*.]

3. Cf. Dahlgren, *Voyages français*, 480 ; *Les relations commerciales*, I, 556-557. Lagrange (*Voyages curieux*, 297) place à tort le suicide de Benac en 1707.

mésintelligence s'était affirmée presque dès le départ, mais elle atteignit
son comble à Canton. Benac, non sans raison peut-être, soutenait que la
Roque était le commandant du navire, mais que c'était au premier directeur de représenter la Compagnie. Aussi refusa-t-il de se joindre à la
Roque quand celui-ci alla officiellement, le 5 février 1699, faire compliment au gouverneur général de Canton au nom du roi; il en montra tant
de colère que les Jésuites eurent dessein de le faire arrêter et passer pour
fou [1]. Mais, comment les Chinois auraient-ils pu admettre que le roi de
France fût représenté par un marchand? A la base de toutes ces discus-
sions, et la part faite du mauvais caractère des deux adversaires, on trouve
toujours cette équivoque sur la nature véritable de l'*Amphitrite* vaisseau
royal ou navire de commerce dont j'aurai à reparler par la suite. Benac
rivalisa avec la Roque de magnificence dans son équipage et son escorte
tant que l'*Amphitrite* fut en Chine; il resta ensuite à Canton, avec les
deux autres directeurs, pour achever de vendre la cargaison; on le connut
sous le nom chinois de « Pe *lao-ye* » [2]. Les affaires n'en allèrent pas mieux.
Le courrier que Saillot emporta à Madras au début de 1701 comprenait, sous
les dates des 4 et 29 novembre 1699, 29 mars et 29 novembre 1700, des
procès-verbaux de Benac contre Le Pouletel et Boizard qui, du 10 juillet
au 29 novembre en particulier, « se sont soustraits à l'obéissance du dit
sieur Benac »; le 14 décembre 1700, Benac avait signé une déclaration
publique qu' « il a été contraint d'abandonner la direction des affaires de
la Compagnie aux risques, périls et fortunes de Le Pouletel et Boizard »;
il est non moins amer contre les Jésuites; « ç'a été un malheur pour les
affaires de la Compagnie qu'on ait fait entrer dans le conseil les officiers
de marine et les R. P. jésuites » (Arch. Col., C¹ 17, 166-175). La seconde
arrivée de l'*Amphitrite* dans l'automne de 1701, avec de nouveaux directeurs
commerciaux à la tête desquels était « de Figerald », mit un frein aux
activités chinoises de Benac; l'*Amphitrite* le ramena finalement à Brest

1. Froger, éd. Voretzsch, 95-97 ; Lagrange, *Relation*, 87 v° ; *Voyages curieux*, 293-294 ;
lettre de Pechberty et Deu, dans Arch. Col., C¹8, 153-154. On songea encore à se saisir de
Benac en novembre 1699 (cf. Froger, éd. Voretzsch, 122).
2. Sur le nom chinois de Benac, cf. Madrolle, pp. 209, 226. Dès que l'*Amphitrite* fut arrivée à Port-Louis le 3 août 1700, et sans attendre par conséquent le retour du premier directeur,
une instruction y fut ouverte à la demande de la Compagnie de la Chine sur les démêlés de
la Roque et de Benac. Benac aurait écrit au chevalier de la Roque des lettres adressées seule-;
ment « au capitaine La Roque » et aurait fabriqué ou utilisé de faux extraits baptistaires qui
faisaient naître la Roque l'un en Portugal, l'autre en Espagne (Arch. Nat., Mar., B³ 109,
120-121 ; lettre de Mauclerc datée de Lorient, 11 août 1700).

le 17 août 1703. Mais ses conflits avec la Compagnie durèrent même après son retour en France : le 8 janvier 1704, Benac signait à Paris une requête pour se plaindre que les directeurs de la Compagnie eussent fait saisir et ouvrir un coffre où étaient ses papiers personnels (Arch. Col., C¹ 18, ff. 126-127) [1].

Sur Le Pouletel, natif de Saint-Malo [2], et sur Lucien Boizard [3], il n'y a pas grand'chose à dire. Tant que Benac est premier directeur à Canton, nous ne les connaissons que par ses lettres ou plutôt par ses plaintes : le second et le troisième directeur se seraient ligués avec les Jésuites contre lui [4]. Mais, pendant le second séjour de l'*Amphitrite* en Chine, Le Pouletel fut le héros d'une entreprise assez hardie : le 14 mai 1702, il partit secrètement de Canton pour Nankin, où il parvint sans encombre le 28 juin après avoir visité le grand centre de la porcelaine, King-tö-tchen ; le 17 novembre, il était de retour à Canton, et s'embarqua peu après sur l'*Amphitrite*, ainsi que Boizard, pour rentrer en France.

Au-dessous des trois directeurs, le personnel de la Compagnie de la Chine embarqué sur l'*Amphitrite* comprenait encore un « marchand », un secrétaire, deux commis et huit ouvriers.

Le « marchand », ou chef du service des marchandises, est appelé Francia dans la *Relation* de Froger (éd. Voretzsch, 1, 2, 87, 88, 125); Froger le qualifie une fois de « premier marchand », et reproduit (p. 87)

---

1. L'auteur du *Journal* dit de Bouvet de la Touche est assez favorable à Benac (mss., p. 60) ; c'est en partie parce que cet auteur est hostile aux Jésuites, et qu'il sait gré à Benac de s'être opposé à ce qu'il appelle leurs « intentions ».

2. Froger (éd. Voretzsch, 1, 2, 53) écrit « Poulletel » (le « Poullesel » de Saxe Bannister est sûrement fautif); M. Madrolle (p. 2 et *passim*) a adopté l'orthographe « Le Poulletet » dans sa publication du *Journal* dit de Bouvet de la Touche, mais le manuscrit a en fait le plus souvent « le Pouletel » (par exemple aux pp. 209, 279, 281, 425), et rarement « Poulletet »; les noms de ce mss. sont souvent fautifs. On a encore « Le Pouletel » dans des pièces des Arch. des Col., C¹ 17, f⁰ 11, et C¹ 18, 155; « Lepouletel » dans les copies des lettres de Benac; « Le Poulletel » dans Arch. Col., C¹ 8, 142, 144, 146 ; la forme à -*l* final doit être correcte, bien qu'on trouve aussi « Le Pouletet » dans des documents des Arch. de la Marine (cf. à leur sujet Belevitch-Stankevitch, *Le goût chinois*, 53, 64).

3. Telle est l'orthographe de Froger (éd. Voretzsch 1, 2, 53), et on a aussi « Boizard » et « Boizart » dans les copies des lettres de Benac; mais on rencontre aussi « Boisard », par exemple dans Arch. Col., C¹ 8, 147 r⁰, dans la *Relation* de Lagrange, 80 r⁰, et dans le texte dit de Bouvet de la Touche (Madrolle, p. 184). M. Madrolle (p. 2) l'appelle « Louis Boisard », mais ce doit être un lapsus; la seule pièce où j'aie rencontré l'indication du prénom (Arch. Col., C¹ 8, 147 r⁰) donne « Lucien Boisard ». Le « Bouisard » de Mlle Belevitch-Stankevitch, *Le goût chinois*, 53, paraît être une inadvertance.

4. Toutefois, Lagrange (*Relation*, 80 r⁰) montre « Boisard » assez contraire aux Jésuites, « bien que grand brailleur »; le sens de cette opposition de termes m'échappe.

le nom chinois de « Fán Geoù Fă » (Fang Jeou-fa) que fabriqua le P. Bouvet et que Francia dut employer dans ses rapports avec les douaniers de Canton. Un document des Arch. Col., C¹8, 142, l'appelle « G. Francia »; si on prend en considération le premier élément du nom personnel chinois que lui donna Bouvet, il apparaîtra probable qu'ou doive lire « Georges Francia ». Rentré en France avec l'*Amphitrite* à la fin du premier voyage, c'est probablement lui, comme M. Madrolle l'admet sans discussion (p. 56), qui revint sur le navire lors du second voyage, mais alors il avait francisé son nom, car, à partir de ce moment-là, tous les textes l'appellent « France » et non plus « Francia ». M. Madrolle dit qu'il venait à nouveau comme subrécargue, c'est-à-dire comme « premier marchand »; c'est vraisemblable, et peut-être le mss. dit de Bouvet de la Touche le spécifie-t-il dans un passage que M. Madrolle n'a pas reproduit et qui m'a échappé. En tout cas, quand l'*Amphitrite*, à la fin de 1702, reprit pour la seconde fois sa route vers l'Europe, elle laissa France à Canton comme deuxième directeur; France y eut force ennuis, mais persévéra; il était encore directeur à Canton le 15 février 1709 [1].

Le secrétaire s'appelait La Garde (Froger, éd. Voretzsch, 51) ou Lagarde (Arch. Col., C¹8, 142); il ne joua pas un grand rôle. C'est vraisemblablement lui le « de La Garde », marchand de la Compagnie, qui participa au deuxième voyage et mourut, peu avant que l'*Amphitrite* atteignît les côtes d'Europe, le 25 juin 1703 [2]. [Cf. les *Addenda*.]

1. Madrolle, 56, 115, 171, 172; Arch. Col., C¹18, ff. 98, 107, 108, 109, 111; C¹ 19, ff. 149, 235.
2. Froger omet le nom du « secrétaire » au début du manuscrit d'Ajuda (éd. Voretzsch, p. 1); mais il est donné dans le passage correspondant de Saxe Bannister. La mort de La Garde le 25 juin 1703 est mentionnée dans le *Journal* dit de Bouvet de la Touche, p. 462. M. Madrolle n'a pas reproduit ce passage p. 266, ni indiqué de La Garde à la p. 56 parmi le personnel du second voyage. On ne doit pas voir dans le secrétaire La Garde l' « écrivain » ou « écrivain du roi » qui mangeait à la troisième table du bord (Lagrange, *Voyages curieux*, 218) avec les « trois » sous-directeurs (Benac mangeait à la table du commandant), les deux commis de la Compagnie des Indes, le peintre Gherardini, un sous-ingénieur (sans doute Fr. Froger), le chirurgien-major, un cadet (ce doit être Filye) et le dernier officier, et qui mourut le 10 octobre 1699 après huit mois de maladie (Froger, éd. Voretzsch, 111; Lagrange, *Relation*, 94 v°; *Voyages curieux*, 300). L' « écrivain », dont les registres de solde et d'état civil faisaient foi en justice, devait en effet faire partie du personnel du bord plutôt que de celui propre à la Compagnie de la Chine. La liste des trois tables de Lagrange ne mentionne pas, il est vrai, où mangeait le « secrétaire », mais par ailleurs il n'indique pas non plus où mangeaient les deux commis de la Compagnie de la Chine, et mentionne « trois sous-directeurs » là où Froger ne connaît que deux directeurs au-dessous de Bénac; le troisième est vraisemblablement le premier marchand Francia (ceci paraît confirmé par un passage de la p. 215); mais puisqu'après tant d'années, Lagrange a pu oublier deux commis à la troisième table, il a bien pu oublier aussi un secrétaire. En fait, l'écrivain mort le 10 octobre 1699 ne peut guère être que le Sabattier, écrivain du vaisseau et en même temps au service de la Compagnie de la Chine, dont il est question dans Arch. Col., C¹ 8, 147 r°.

Froger (éd. Voretzsch, p. 1) parle de « deux commis » de la Compagnie de la Chine, sans les nommer ; M. Madrolle (p. 2) en a fait « deux commis chargés des écritures », et a vu en eux Sabattier et « Bougré ». Mais Sabattier doit être en réalité l' « écrivain de roi » mort le 10 octobre 1699. Quant à « Bougré », ou plutôt Bongré (Arch. Col., C¹ 18, 101 v° [« Bongret »] ; C¹ 17, 112 suiv. [« Bongré »]), je n'ai pas rencontré son nom avant le *Journal* dit de Bouvet de la Touche (pp. 186 et 260), et je ne vois jusqu'ici aucune preuve qu'il ait fait partie du premier voyage de l'*Amphitrite*. Toutefois, comme l'*Amphitrite* laissa alors en Chine, outre les trois directeurs, deux commis, il est possible que Bongré ait été l'un d'eux. Bongré resta en Chine après le second départ de l'*Amphitrite* ; parmi les lettres que la Compagnie de la Chine écrivit le 12 décembre 1703, il s'en trouve une adressée à « Bongré, metteur au teint et interprète pour la Cⁱᵉ à Canton » (Arch. Col., C¹ 17, 112 et suiv.). J'ignore le nom de l'autre commis.

A ces deux commis, M. Madrolle ajoute « deux agents commerciaux, Vilette et d'Andigné », qui « devaient accompagner le directeur en chef dans une mission spéciale à la Cour de Pé-king, que la Compagnie jugeait utile à ses projets ». Rien n'est moins exact. La Compagnie avait en effet prévu un voyage de Benac à Pékin ; on l'apprit par un ordre qui fut ouvert en mer le 28 septembre 1698. Mais « pour ce voyage la Compagnie auoit choisy Mʳˢ Benac, Boissy, Froger, La Garde Secretaire, et Geraldin l'Enseigne au cas que Mʳ son frère l'eut souhaité » (Froger, éd. Voretzsch, 51). Pas un mot de Vilette et de d'Andigné dont le nom en outre n'apparaît jamais ni chez Froger, ni chez Lagrange. Le P. Bouvet protesta d'ailleurs contre ce projet de voyage à Pékin sur lequel la Compagnie ne l'avait pas consulté, et il fut entendu qu'on modifierait les instructions, comme la Compagnie en laissait la faculté, par une délibération qui serait prise après l'arrivée de l'*Amphitrite* à Canton. Il ne fut plus question du projet, et les jésuites s'opposèrent toujours à laisser des agents de la Compagnie de la Chine se rendre dans l'intérieur, soit dans les provinces, soit surtout à Pékin.

Il est exact toutefois, et c'est ce qui a trompé M. Madrolle, que Vilette (ou Villette) et d'Andigné avaient gagné la capitale. Dans le *Journal* dit de Bouvet de la Touche, on lit (p. 140) : « Le 1ᵉʳ jour de janvier 1702, les sieurs d'Andigné et Vilette arrivèrent de Pékin » (Madrolle, 140). En note, M. Madrolle ajoute : « Ils étaient partis de Canton pour la capitale en décembre 1700 », mais c'est là une inadvertance, car les textes sur lesquels il s'appuie sont évidemment d'une part l'affirmation du soi-disant

Bouvet de la Touche (pp. 12-13) que d'Andigné et Vilette étaient partis
pour Pékin en décembre 1699, et d'autre part celui de sa p. 51, traduit de
Saxe Bannister (plus complet ici que le texte d'Ajuda) : « Notre départ
pour la France eut lieu le 26 [janvier 1700]. Nous laissions en Chine les
trois directeurs de la Compagnie, M. Salioz, deux commis, et six autres
Français dont deux étaient partis pour Pékin le mois précédent », donc
en décembre 1699 ; dans ces deux Français partis pour Pékin en décembre
1699, M. Madrolle a dû voir encore d'Andigné et Vilette, et il a eu sûrement raison. Mais, quand on se rappelle l'opposition que Bouvet avait faite
au projet de voyage de Benac à Pékin et celle que ses confrères firent aux
voyages dans l'intérieur que des agents de la Compagnie voulaient entre-
prendre lors du second voyage, on est surpris de voir que les Jésuites aient
accepté le départ pour Pékin de d'Andigné et de Vilette s'ils étaient « agents
commerciaux » de la Compagnie de la Chine. De plus, si on lit tous les
passages du *Journal* dit de Bouvet de la Touche où il est question de d'Andigné et de Vilette (Madrolle, pp. 151, 167, 209, 210, 258, 264), on voit
que ceux-ci, pendant les deux ans qu'ils restèrent à Pékin, y ont vécu
comme « domestiques de l'empereur », payés par lui, autrement dit qu'ils
travaillaient pour lui au même titre que les Jésuites attachés au Palais ; ce
n'est pas un rôle admissible pour des « agents commerciaux » de la Compagnie de la Chine, et on sait d'ailleurs que Vilette au moins était sans
instruction et l'avouait, et que les Pères avaient empêché qu'on lui donnât
à Pékin l'appellation polie de *lao-ye*. Tout s'éclaire si, au lieu d'imaginer
les deux « agents commerciaux » de M. Madrolle, nous regardons du côté
des « ouvriers » que l'*Amphitrite* avait amenés.

L'*Amphitrite*, armée et chargée sur l'initiative d'un des trois fermiers de
la manufacture royale des glaces, avait emporté des quantités considérables
de ce dernier produit pour lequel le P. Bouvet avait certainement assuré
que la Chine serait un débouché excellent [1]. Mais comme les glaces pou-
vaient se détériorer et qu'il fallait pouvoir, le cas échéant, les tailler et les
monter, on adjoignit au personnel administratif de la Compagnie de la
Chine « huit ouvriers pour la miroiterie [2] ». Vers la fin d'avril, plusieurs

---

1. La Compagnie des Indes prétendait même que si Jourdan avait formé le projet d'envoyer
un vaisseau à la Chine, c'était pour y écouler les glaces défectueuses qu'il avait en magasin et
qui constituèrent la masse de la cargaison (Arch. Col., C¹ 17, 123 r°).

2. Froger, éd. Voretzsch, 1 ; de même chez Saxe Bannister. Le chiffre de « six » donné par
M. Madrolle (p. 2) me paraît dépourvu d'autorité. D'après le *Journal* dit de Bouvet de la Touche
(p. 7), Bouvet avait même proposé à Jourdan l'établissement d'une manufacture de glaces
dans la ville de Canton ; si on était plus sûr du renseignement, on pourrait penser que les
huit ouvriers étaient destinés éventuellement à cette entreprise. [Cf. les *Addenda*.]

d'entre eux, sous la direction du troisième directeur, furent installés dans
la maison de la Compagnie pour remettre en état les glaces qui avaient
souffert (Froger, 102). Le 19 juin 1699, un des ouvriers miroitiers mourut (Froger, 108). A la fin de novembre, « le premier Directeur refusa de
pleine autorité deux ouuriers que le Père De Fontaney demandoit pour
l'Empereur » (Froger, éd. Voretzsch, 121) [1]. Le 13 décembre 1699, « le
principal des ouuriers que le s^r Benac auoit refusé, s'éuada et s'en fut
chez Le Tsong-tou, d'ou il partit peu de temps apres pour Pekin auec vn
second qui le fut joindre. Cette Éuasion qui s'étoit faite selon toutes les
aparences a la sollicitation des Peres, remuä vn peu l'Esprit de nôtre
Directeur » (Froger, éd. Voretzsch, 122). Il est évident que lorsque Froger,
dans le texte de Saxe Bannister, dit que l'*Amphitrite*, en quittant la Chine
le 26 janvier 1700, y laissait « les trois directeurs de la Compagnie,
M. Salioz, deux commis, et six autres Français dont deux étaient partis
pour Pékin le mois précédent », les six autres Français sont les ouvriers
miroitiers que les directeurs gardent avec eux comme la Compagnie leur
en avait donné la faculté, et les deux d'entre eux partis à Pékin le mois
précédent sont d'Andigné et Vilette dont l'un s'était évadé des locaux
de la Compagnie le 13 décembre 1699 et l'autre peu après. A en juger
par l'ordre dans lequel le texte du soi-disant Bouvet de la Touche
cite toujours les deux noms (« d'Andigné et Vilette »), c'est d'Andigné qui doit être le « principal des ouvriers que le sieur Benac
avait refusés », et ceci paraît confirmé par le fait que Vilette seul, qui se
reconnaît sans instruction (mais en ajoutant que le frère Belleville et d'autres
n'étaient pas plus lettrés que lui), fut laissé de côté par les Jésuites un
jour que l'empereur convoqua tous les Européens de Pékin à sa maison de
plaisance (Froger, éd. Voretzsch, 264). Évidemment, il est un peu surprenant de voir un d'Andigné ouvrier miroitier à la fin du xviie siècle, fût-il
maître ouvrier ; mais les faits sont là et, après tout, rien ne prouve qu'il
appartienne vraiment à la famille de ce nom, qui n'a en tout cas, je m'en
suis assuré, conservé aucun souvenir de lui [2].

1. Dans le texte de Saxe Bannister, ce passage est placé sous le 11 octobre, mais le contexte
montre que c'est une erreur; cf. éd. Voretzsch, p. 111.
.2. Froger n'a pas tort de penser que le départ des deux ouvriers pour Pékin, où les Jésuites
vaient souhaité les avoir, ne se fit pas sans la connivence des Pères, et c'est chez les Pères
français qu'ils prirent pension à la capitale. D'Andigné et Vilette étaient partis avec des illu-
sions qu'ils perdirent vite ; ils y avaient cédé d'autant plus volontiers que le mécontentement régnait à Canton ; « tous les ouvriers qu'ils ont menés se plaignent beaucoup », écri-
vaient Pechberty et Deu dans leur lettre du 17 février 1699. On sait à quelles exigences le

48 PAUL PELLIOT

Outre le personnel de la Compagnie de la Chine, l'*Amphitrite*
emmenait encore deux commis de la Compagnie des Indes, chargés de
surveiller les opérations commerciales et aussi d'empêcher l'*Amphitrite*
de trafiquer de port à port entre la Chine et la France. Ces deux commis
s'appelaient Jean Pechberty et Jean Deu. Comme il appert de leur lettre
écrite de Canton, le 17 février 1699, conservée en copie dans Arch. Nat.,
C¹ 8, 149-155, leur situation s'affirma vite peu enviable. Le traité du 4 janvier 1698 avait prévu leur contrôle, mais n'en avait pas suffisamment pré-
cisé les modalités. Non seulement les directeurs de la Compagnie de la Chine
se refusèrent à leur donner aucune connaissance du commerce, mais on
leur refusa logement et nourriture dans la maison de la Compagnie [1]. Les
deux commis de la Compagnie des Indes ajoutaient qu'ils avaient vu et lu
un ordre de Jourdan, ouvert à Canton seulement, prescrivant aux directeurs
« de nous ôter autant de connaissance de ce qu'ils feront qu'ils le pourront ».
Les choses durent cependant s'arranger tant bien que mal puisque Pechberty et Deu ne moururent pas de faim et revinrent en France avec le
navire [2]. Il semble même que Pechberty ne se brouilla pas avec la Compagnie de la Chine, car c'est très vraisemblablement lui qui, sorti du service de
la Compagnie des Indes, est second directeur de la Compagnie de la Chine
lors du deuxième voyage de l'*Amphitrite* [3]. Un projet de voyage de
Pechberty et d'un commis appelé Du Jus à Jao-tcheou et à Nankin fut

service du Palais astreignait les Pères qui s'y soumettaient parce qu'ils le croyaient profitable
à la propagande chrétienne, mais il n'est pas surprenant que des laïcs ne s'y soient pas pliés
plus longtemps; nous n'avons malheureusement guère d'informations sur les laïcs qui vécurent
en Chine, ailleurs qu'à Canton, au xvii\[e\] et au xviii\[e\] siècle. Il serait intéressant de savoir
exactement ce que les deux ouvriers miroitiers ont fait à Pékin pendant leur séjour. Dans une
lettre du 20 décembre 1700 dont on n'a qu'un résumé adressé par la Compagnie à Pontchartrain (Arch. Col., C¹ 17, 175 v°), Benac « marque qu'avant l'arrivée de l'*Amphitrite* à la Chine,
les Pères Jésuites avaient appris aux Chinois le secret de faire des glaces et toutes sortes de
yerres »; on sait qu'en effet K'ang-hi avait créé au Palais, en 1680, toute une série d'ateliers,
parmi lesquels un atelier de verrerie dont il semble bien que les Jésuites se soient occupés
(cf. Bushell, *Chinese Art*, I, 116; II, 63). Il n'y eut guère d'ouvriers européens en Chine. Un
peu plus tard, en 1714, des tisseurs de Lyon voulaient s'embarquer à Saint-Malo pour la Chine,
mais en furent empêchés (Germain Martin, *Les grandes industries sous le règne de Louis XIV*,
Paris, 1898, in-8, 314, renvoyant à Arch. Nat., G⁷ 1702). [Cf. les *Addenda*.]

1. Les termes de la lettre des deux commis datée du 17 février 1699 sont absolument con-
firmés par un passage de Froger (éd. Voretzsch, 79) rapporté à novembre 1698.

2. D'après le traité du 4 janvier 1698, les deux commis devaient manger à la table du capitaine
et aux frais de Jourdan pendant tout le voyage ; si Lagrange dit vrai (*Voyages curieux*, 218),
ils mangèrent en fait à la troisième table.

3. Le soi-disant Bouvet de la Touche écrit son nom Peschberty, et cette forme se retrouve
dans des pièces des Arch. Col., C¹ 18, 98-103, 109, 204-211.

contrecarré par les Jésuites et finalement abandonné [1]. Après le second départ de l'*Amphitrite*, Pechberty resta à Canton comme premier directeur, avec France comme deuxième directeur et Chomey comme premier marchand [2] ; il y était encore le 23 novembre 1705 [3]. D'un mémoire des Arch. Col., C[1] 17, 88-102, il résulte qu'antérieurement à sa carrière de Chine, « Peschberty » avait été aux îles de l'Amérique.

Pour en terminer avec le personnel laïc du bord, il faut encore mentionner, outre le chirurgien-major (et son ou ses adjoints), « un jeune Parisien » qui mangeait à la table du commandant et qui « lui payait certaine somme pour le voyage » ; je ne trouve de mention de lui que chez Lagrange, *Voyages curieux*, 218.

A la bigarrure de ce personnel laïc, tant militaire que civil, s'ajoutait la présence sur l'*Amphitrite* d'un groupe important de Jésuites. Bouvet avait d'abord obtenu de Jourdan que celui-ci en passât cinq à la Chine gratuitement, plus Gherardini [4] ; au dernier moment, il en vint neuf, toujours sans compter Gherardini, et quand on rencontra au large l'escadre de des Augers, celui-ci « s'en deffit encore de deux autres en nostre faveur, qu'on n'osast refuser » [5]. Le P. Bouvet mangeait à la table du commandant, où s'asseyaient aussi Benac, le « jeune Parisien » et la plupart des officiers du bord (huit sur dix, y compris la Roque) ; les dix jésuites restants faisaient une autre table avec un officier ; Gherardini mangeait à la troisième table, que le dixième officier présidait ; la Roque, heureux d'écarter de sa table quelqu'un qu'il n'aimait pas, désigna Lagrange pour représenter l'état-major à la table des Jésuites (*Voyages curieux*, 218). Tous ces Jésuites sont très connus et certains, comme Parrenin et Prémare, ont marqué particulièrement dans l'histoire de l'ancienne mission française de Chine ; il n'y a pas lieu de s'occuper d'eux ici en détail. [Cf. les *Addenda*.]

VI

Les officiers de marine apportaient en Chine un esprit singulièrement

---

1. Cf. Madrolle, 167-172. King-tö-tchen est dans la préfecture de Jao-tcheou ; l'itinéraire prévu était donc celui-là même que Le Pouletel suivit ensuite secrètement (cf. *supra*, p. 43).

2. C'est là le personnage dont le nom, garanti par plusieurs pièces d'archives (Arch. Col., C[1] 18, 98-105, 106 r°, 107 v° ; C[1] 17, 112) est estropié en « Choincy » dans Madrolle, 56 et 186. [Cf. les *Addenda*.]

3. Arch. Col., C[1] 18, 204-211.

4. Cf. Madrolle, p. 3 ; l'origine de cette information est le *Journal* dit de Bouvet de la Touche, p. 9.

5. Lagrange, *Voyages curieux*, 226.

peu fait pour s'entendre avec des étrangers, et il en devait nécessairement
résulter des conflits. Voici l'histoire extraordinaire que Lagrange ne craint
pas de raconter tout au long dans la *Relation* adressée à Pontchartrain
(ff. 95 r°-98 v°).

Le 16 [octobre 1699] un nauire anglois uenant deurope entra dans la riuiere de cantong passa au deuant de nous sans saluer et fut mouiller a une portee de fusil en auant
de nous mais son insolence luy couta cherre comme ie diray car il nauoit que 10 canons
et 40 hommes dequipage ainsi m͞r de la rocque sen uengea auec honeur...

Le lendemain m͞r de la rocque resolut pour se uenger de faire en sorte que nos
matelots et soldats cherchassent querelle aux anglois ce qui ne manqua point d'arriuer a
terre ou il y eut des coups donnés et les anglois eurent du pire parceque nos gens
estoient armés de sabres, neamoins m͞r de la Rocque se plaignit hautement que les
anglois auoint cherché querelle aux françois et quil sen uangeroit sil pouuoit mesme
sur le capitaine pour cet effet ont mit 2 matelots en sentinelle sur l'auant de nostre
nauire pour uoir quand les anglois descendroint à terre.

Ainsi le 19 au mattin nous aperceumes le capitaine et le lieutenant le premier marchand
et le troisieme aller a terre en robes de chambre pour se promener à la fraische ausitost m͞r de Larocque fit armer Le canot et la chaloupe y mit trois officiers auec enuiron
40 hommes la plupart armés de sabres auec ordre de donner cent coups de batton au
capitaine et au marchand et surtout aux robbes de chambre, nos gens descendirent les
prirent sans coup ferir et ces malhereux anglois eurent sur le corps cent coups de
batons de tous nos mattelots qui les laisserent quasi morts et le capitaine nen pouuant plus
se sauua a son canot et fut a bord ausitost il fit embarquer des armes pour aller secourir
ses gens ce que uoyant m͞r de larocque il fit uenir son canot de terre larma de soldats
de pistolets et fusils donnant ordre au lieutenant que si les anglois tiroint les premiers
de ne leur point faire de cartier ; ainsi nos gens se trouuerent plus de 60 a terre et le
canot anglais reuira de bord et fut a son nauire et nos mattelots et soldats ne trouuant
que 6 ou 7 anglois en robbe de chambre neurent pas beaucoup de peine a les mettre
comme des ecce homo par la m͞r de la rocque se uengea honestement mais un peu plus
quil ne deuoit. le capitaine anglois ainsi maltraité partit de son nauire et uint au nostre
tout sanglant ou il monta par force car il uenoit seulement se plaindre sans uouloir entrer
dans le nauire, il fut bien receu, et les chirurgiens luy poserent le premier appareil et
ensuite il se plainit aygrement nostre canot ramena le lieutenant et les deux marchands
en piteux equipage, ayant perdu leurs perruques et chapeaux il y en auoit qui auoint
offert de largent a de nos gens en se iettans a leurs genoux pour sempescher destre battus.
le capitaine du nauire de madras se randit à bord et tous se plainirent fortement
quon les insultoit parceque nous estions les plus forts, qu'ils ne se trouuoint plus en
sureté ny lun ny lautre dans la riuiere de cantong et que nous pourions bien les enleuer
quils alloint demander une sauue garde au uice roy de cantong et se mettre sous la
protection des mandarins qua la uerité ils ne nous auoint pas salué mais quils n'y

estoint pas obligés car ils auoint leurs ordres de La cour danglettere et quils les suiuoint
(bien que ce ne fut quun interlopt) mais que sil ne pouuoit auoir icy raison, ils tache-
roient de Lauoir en france et quon ne trailtoit pas ainsi un capitaine de nauire a coups
de battons, et le mettre en cet estat parce que nous nous mettions 60 contre 7 ou 8
anglois desarmés que le pretexte que nous prenions ne ualoit rien quil ne nous auoint nul-
lement insulté et que m̄ de larocque leur auoit ioüé ce tour et demanderent à m̄ de
larocque quelle satisfaction il uoudroit leur faire pour cette iniure. Ensuite ils repar-
tirent tous auec le mécontentement d'une telle iniure quils noublieront iamais nous les
saluames de 5 uiues le roy et ils nous respondirent dautant ils uoulurent faire du bruit
et que les chinois leur en rendissent iustice en arrestant nostre nauire ils uoulurent
auoir audience du uiceroy mais lon leur dit qua chaque audience il falloit donner
500 taels valant 2500 liures ainsi a ce prix ils neu uoulurent point et les marchands ne
uoulurent poin se ruiner ce que les chinois nauroint pas mieux demandé pour auoir
leur argent et ils furent conseillés den demeurer la ce quils firent sagement.

Dans ses *Voyages curieux*, p. 301, Lagrange a expédié l'incident du
19 octobre en quelques lignes, et Froger n'en souffle pas mot ; mais il n'y
a naturellement pas à penser que Lagrange ait inventé cette histoire peu
édifiante. Et précisément, dans *The Chronicles of the East India Company
trading to China*, I [1926],91-92, M. H. B. Morse raconte ce qu'il advint
au *Macclesfield* en rivière de Canton, le lendemain de son mouillage [1].

The next morning [1] as Captain Hurle, with the fourth supercargo Mr. Harvey, the chief
and second mates, and four sailors were on shore to pitch a tent, « the French sen
several boats against them, containing near eighty men, some of whom were armed,
who beat them most unmercifully... the French Captain [Delaroque] stood in the
stern gallery of his ship and called to his men to beat them more... to kill the dogs if
they resisted ». England and France were then temporarily at peace, engaged in parti-
tioning Spain, and the French agent, Monsieur Bonac [2], both then and later manifested
a very friendly disposition : and this armed attack is the more unintelligible. The
French were in great favour... Mr. Douglas [3], however, complained to the Hoppo,

1. Le *Macclesfield* n'était pas un « interlope » comme le dit Lagrange, mais le premier navire
envoyé à la Chine par la nouvelle English Company Trading to the East Indies ; c'est d'ailleurs
bien ce que dit Froger (éd. Voretzsch, 121). Dans le récit de M. Morse, il n'y a d'emprunté
littéralement aux documents que ce qui est entre guillemets, et encore avec des coupures que
les points de suspension indiquent.

1. D'après Froger (121), c'est le 17 octobre que le *Macclesfield* vint mouiller au-dessus de
l'*Amphitrite* ; d'après Lagrange, ce fut le 16, et l'attaque qu'il raconte serait du 19. Dans
l'ouvrage de M. Morse, l'incident paraît se placer le 8 octobre, mais ceci correspond bien au
19 de Lagrange ; l'Angleterre n'a adopté le calendrier grégorien qu'en 1753.

2. Lire « Benac ».

3. Robert Douglas était le subrécargue du navire.

who showed strong displeasure at the conduct of the French, and forced Captain
Delaroque to apologize [1] ; but the friction continued, manifested chiefly by struggles
for precedence.

M. Morse fait preuve de mansuétude en se bornant à dire que le pro-
cédé de la Roque est « inintelligible ».

VII

Jourdan s'était imaginé que ses directeurs pourraient se rendre à Pékin ;
Bouvet lui avait promis, moyennant des cadeaux à l'Empereur et aux
grands, un établissement permanent à Ning-po ou à Canton et l'exemption
des droits pour la cargaison. Il fallut bien vite déchanter.

De l'établissement permanent, il ne fut plus question.

Pour le voyage à Pékin, Bouvet s'était récrié quand on avait ouvert en
cours de voyage les instructions de Paris qui prévoyaient que Benac se
rendrait à la capitale. Les raisons de son opposition étaient multiples. D'une
façon générale, les missionnaires n'avaient pas grand désir de laisser voir
aux populations de l'intérieur des Européens, militaires ou marchands, pour
qui eux-mêmes ne professaient pas grande estime et qui, chrétiens, étaient
à leurs avis d'un mauvais exemple pour les chrétiens indigènes. Le P. de
Fontaney a noté dans une de ses lettres qu'on fait peu de conversions
dans les ports où les vaisseaux européens ont accoutumé d'aborder [2]. Par
ailleurs, Bouvet ne pouvait pas ne pas sentir que des Européens qui
viendraient à Pékin y trouveraient une situation assez différente du tableau
idyllique qu'il avait tracé dans le *Portrait historique de l'Empereur de
la Chine* [3]. Enfin et surtout, si les marchands de l'*Amphitrite* montaient

1. Lagrange nous avait dit le contraire ; on voit que Hurle n'alla pas en effet au
vice-roi, comme le dit Lagrange, mais le *hoppo*, ou surintendant des douanes, fut saisi.

2. Inversement, bien des appréciations défavorables que Froger, Lagrange et le soi-
disant Bouvet de la Touche formulent sur les Chinois viennent de ce que ces marins ne furent
pas en rapports avec les meilleurs éléments de la population. Froger s'en rendait un peu
compte et le dit pour les interprètes qu'il fallut engager à Canton : « Ce n'est pas assez a la
Chine de sçauoir les langues pour être Interprete. Il faut encore être adroit, industrieux, fourbe
et vn peu fripon » (éd. Voretzsch, 87).

3. Quelques Européens se glissèrent dans l'intérieur, par exemple ceux dont parle le *Journal* dit de Bouvet de la Touche (Madrolle, 173) et que nous ne connaissons que par lui, « le
nommé La Vergne, chirurgien, que le P. [= le Père Pelisson] connaissoit, l'ayant assisté à
la mort, en Bengale, quy avoit demeuré longtems à Chao tcheou, et avoit esté dans plusieurs
autres villes sans permission ny recommandation, et un certain Italien, quy avoit esté jusques
à Pékin, sans qu'on se fut mis en peine de savoir où il alloit, ny qui il estoit » ; mais ils avaient

jusqu'à la capitale, comment Bouvet pourrait-il maintenir vis-à-vis de la Cour le caractère officiel et gouvernemental qu'il entendait donner au voyage de l'*Amphitrite*?

Car là était toute la question. Les Chinois, et Lagrange comme le soi-disant Bouvet de la Touche ont pleinement raison d'y insister, ne connaissaient au temps de K'ang-hi que des navires marchands ou des navires de tribut. Bouvet promettait l'exemption du droit de jauge sur le navire, des droits de douane sur la cargaison. La douane chinoise répondait : Vous êtes navire de tribut? Allez porter votre tribut à la Cour. Mais si vous êtes navire marchand, payez les droits. Bouvet manœuvra près d'un an pour échapper au dilemme, obligé de biaiser, d'intriguer, de déguiser, et l'exemption qu'on obtint n'équivalut pas aux frais que le délai entraîna. Même pour l'exemption, il avait fallu beaucoup tricher. Les instructions du roi à de la Roque étaient formelles : « Le vaisseau n'est point un vaisseau de Sa Majesté, mais un simple marchand. » Or, dans une lettre du 20 décembre 1700, Benac se plaint que le P. Bouvet « luy a fait signer un papier écrit en chinois dans lequel on luy a dit ensuite qu'il luy faisoit déclarer que le Roy avoit envoyé le navire L'Amphitrite et que par occasion des particuliers marchands y estoient venus pour y tenter quelque commerce »[1]. Le *Journal* dit de Bouvet de la Touche raconte de même : « Pour plus grande seureté, le P. Bouvet exigea de mrs les directeurs de la Compagnie et des officiers du vaisseau un écrit signé d'eux par lequel ils certifioient que l'Amphitrite étoil un vaisseau appartenant au Roy et envoyé par le Roy pour le ramener en Chine [2] ». Lagrange, dans sa *Relation* (81 r°), en relatant la réponse sur l'*Amphitrite* qui n'étoit ni navire de tribut ni navire marchand, mais un navire du roi qui portait le P. Bouvet, note l'étonnement des Chinois, « car ils n'avaient jamais ouï parler d'une troisième sorte de navire ». Froger (éd. Voretzsch, 70-71) donne exactement la même version à propos de la réponse du P. Bouvet aux douaniers, et plus tard, quand le vice-roi demande pourquoi Benac

voyagé sans demander l'avis des Jésuites. Toujours d'après le soi-disant Bouvet de la Touche (pp. 12-13 du mss. ; le passage n'est pas dans Madrolle), les Pères, mécontents du rôle de d'Andigné et de Vilette à Pékin, « se repentirent de les y avoir fait venir, et leur dirent plus d'une fois qu'ils avoient été les premiers françois seculiers qui fussent venus à la cour, mais qu'ils perdroient tout leur crédit, ou bien qu'ils seroient les derniers ». Bouvet de la Touche est toujours très hostile aux Jésuites, et le propos peut ne pas être exact dans les termes ; il l'est sûrement dans le fond.

1. Arch. Col., C¹ 17, 174.

2. Pp. 11-12 du mss. ; le passage n'est pas reproduit dans Madrolle.

n'est pas parti à la Cour, « le Père lui répondit ...que le vaisseau étoit un vaisseau du Roy, et que les François ne payoient point de Tribut ; Que le s^r Benac étoit vn marchand passager sur le vaisseau, et qu'il étoit venu pour tenter le Comerce de la Chine. Qu'au reste il n'étoit pas party pour Pékin parce qu'il craignoit que ne sçachant point les Coutumes du pays nous ne fissions quelque incongruité » (p. 83). Témoignages plus ou moins suspects, dira-t-on, puisqu'il s'agit de conversations en chinois que les auteurs des diverses relations n'entendaient pas. Mais quand, le 5 février 1699, de la Roque alla solennellement faire son compliment au vice-roi, il lui dit que « le Roy qui est le premier monarque d'Occident m'a envoyé exprès pour ramener le P. Bouvet à la Chine » (Voretzsch, 96)[1]. Il y a plus : dès octobre 1698, « sur ce que le Père Bouuet se plaignit qu'a Macao des gens mal intentionnés auoient dit que le vaisseau étoit a des particuliers, il [= de la Roque] le fit publier vaisseau du Roy, et que ceux qui diroient le contraire seroient punis comme rebelles aux Ordres de Sa Majesté. Cela se fit du consentement même des Directeurs par vn aueu qu'ils en donnerent par Ecrit au Pere Bouuet » (Froger, 74). Benac n'avait donc pas tort de se plaindre sur ce point. On fit si bien que l'opinion du « vaisseau du roi » s'accrédita parmi les Européens, et le journal du *Macclesfield* parlait de « l'ambassade » que les Français avaient envoyée à la Cour[2]. Pour les Chinois, les Français étaient venus rendre hommage à l'empereur suzerain, et, malgré tous les *distinguo* du P. Bouvet, l'*Amphitrite*, considérée comme vaisseau du roi, fut toujours désignée dans les documents sous le nom de *kong-tch'ouan*, « vaisseau de tribut ». Louis XIV ne l'avait pas voulu[3].

1. Froger, éd. Voretzsch, 96 ; le texte de ce « compliment » se retrouve identique dans Lagrange, *Voyages curieux*, 293-294, et dans le *Journal* dit de Bouvet de la Touche.

2. Morse, *Chronicles*, I, 92. La question qui s'est posée pour le caractère du navire s'est posée aussi pour les présents à l'empereur. D'après le *Journal* dit de Bouvet de la Touche (p. 9 ; le passage n'est pas dans Madrolle), le P. Bouvet avait écrit de la Rochelle à la Compagnie pour lui demander un titre déclarant « que le Roy lui avoit donné un vaisseau pour le repasser en Chine, que l'empereur ne recevrait pas des présens au nom de simples particuliers négocians... » Là encore on ne se tira d'affaire que par des solutions bâtardes, et que la distance et leur ignorance de la langue permettaient de formuler différemment aux deux parties. Lagrange, dans sa *Relation* comme dans ses *Voyages curieux*, parle des présents du roi à l'empereur ; et il est aussi question de présents du roi dans une lettre de Gerbillon du 13 avril 1699 (Froger, éd. Voretzsch, 106) ; il vaudrait de tirer la question plus au clair ; en tout cas, présents de la Compagnie ou présents du roi, une partie des cadeaux fut transmise par Bouvet comme des présents du roi, c'est-à-dire, aux yeux des Chinois, comme un tribut.

3. Les renseignements très précis que donne le *Journal* dit de Bouvet de la Touche (Madrolle, 142-143) ne laissent pas de doute sur ce point.

Les Jésuites avaient sur l'état-major de l'*Amphitrite* et sur les agents de la Compagnie de la Chine ou de la Compagnie des Indes l'immense avantage de connaître le pays, sa langue, ses mœurs, et de devoir à leur service auprès de K'ang-hi une autorité dont ils exagéraient la valeur pour Pékin, mais qui était réelle auprès des fonctionnaires provinciaux. Il serait intéressant et sans doute possible de retrouver certains documents chinois relatifs aux missions dont l'empereur les chargea à l'étranger et d'établir ainsi sans conteste le véritable caractère que la Cour entendait donner à ces voyages ; toutefois, même dans l'état actuel de notre documentation, le fait ne paraît pas contestable que K'ang-hi avait chargé Bouvet d'aller lui recruter des savants et des artistes, et celui-ci ne pouvait et ne voulait guère les chercher que parmi ses confrères de la Compagnie de Jésus. Ce voyage de Bouvet est en somme analogue à celui antérieur de Grimaldi, à ceux postérieurs de Pelisson ou de Beauvollier. Bouvet disait bien vrai quand en France il se prétendait *k'in-tch'ai* ou « délégué impérial », et Froger nous a conservé, avec les caractères chinois eux-mêmes, la description du pavillon qu'arborait Bouvet à Canton et qui portait les quatre mots *k'in-tch'ai ta-jen*, « Son Excellence le délégué impérial »[1]. Mais Bouvet jouait sur les mots quand il laissait entendre que cette délégation impériale, qui le chargeait seulement d'une mission lointaine de l'Empereur souverain universel, était une sorte d'ambassade auprès du roi de France. Je crois d'ailleurs que, tout en voulant faire servir le voyage de l'*Amphitrite* aux intérêts matériels et spirituels de leur maison française de Pékin, Bouvet et ses confrères désiraient aider à Canton la Compagnie de Jourdan et crurent l'aider réellement ; j'ajouterai même qu'ils lui rendirent vraiment service en plus d'une occurrence, mais leur intervention, en faussant le caractère du voyage, entraîna de telles complications que le séjour du navire dans la rivière de Canton fut de près de quinze mois là où, pour un navire de commerce ordinaire, un trimestre aurait suffi ; les autorités chinoises ne comprenaient rien à ce long délai et s'en inquiétaient. Les agents de la Compagnie de la Chine et les officiers du bord arrivèrent vite à la conviction que le mieux eût été de se plier aux conditions ordinaires et de payer les droits et même les pots-de-vin, comme le faisaient Anglais et

---

1. Voretzsch, 77 ; de même Gherardini, dans sa *Relation*, p. 74. Je ne sais pourquoi Bouvet avait dit en France qu'il avait dû laisser en Chine sa patente de *k'in-tch'ai*, car il l'avait avec lui quand l'*Amphitrite* arriva sur la côte de Chine : « Le Pere en debarquant fut voir le Gouverneur : Il luy montra les lettres de creance qu'il auoit comme Enuoyé de l'Empereur » (Voretzsch, 60).

Hollandais. En outre, les deux commis de la Compagnie des Indes n'avaient pas tort quand, dès le 17 février 1699, ils estimaient que le commerce de la Chine ne pouvait être profitable qu'à des navires trafiquant en même temps aux Indes (Arch. Col., C¹ 8, 155) ; mais c'était là clairvoyance de maître Josse, et qui équivalait à supprimer la Compagnie de la Chine en raison du privilège de la Compagnie des Indes Orientales.

En réalité, malgré toutes les raisons qui eussent dû mener ce premier voyage de l'*Amphitrite* à la catastrophe, un phénomène extraordinaire se produisit : la campagne laissa un bénéfice important [1]. Il est vrai que le bénéfice était peut-être plus apparent que réel et basé en majeure partie sur une estimation excessive des marchandises laissées aux soins de Benac après que l'*Amphitrite* eut quitté Canton. Le second voyage de l'*Amphitrite* fut déficitaire. Les navires qui vinrent ensuite lièrent leurs opérations de Canton à d'autres dans la mer du Sud pour laquelle Jourdan avait aussi fondé une Compagnie en 1698, quelques mois après celle de la Chine ; les intérêts et les procès des deux entreprises s'enchevêtrèrent dans une ruine commune. Du moins les voyages de l'*Amphitrite* contribuèrent-ils beaucoup à développer en France le goût préexistant pour les bibelots, étoffes et meubles d'Extrême-Orient, ce qu'on appelait alors le « lachine » ou le « lachinage » ; et les meilleurs meubles laqués furent dits en « vernis la Chine Amphitrite » [2].

VIII

Les appréciations de Froger sur la civilisation chinoise, comme celles de Lagrange ou du soi-disant Bouvet de la Touche, procèdent d'une connaissance trop superficielle pour qu'il y ait aujourd'hui grand'chose à en tirer. Mais Froger et l'auteur du *Journal* de 1701-1703 ont reproduit dans leurs relations des pièces et des lettres dont la valeur documentaire est tout autre [3]. Enfin ils fournissent sur les anciens missionnaires de Chine

1. Sur le retour de l'*Amphitrite* et la vente de ses marchandises, voir (en dehors de Madrolle, XL et suiv., et de Dahlgren, *Les relations commerciales*, 154 et 161) les documents cités dans Belevitch-Stankevitch, *Le goût chinois*, 60-64 ; on y trouvera aussi des indications sur les cadeaux que le P. de Fontaney apporta à Louis XIV de la part de K'ang-hi ; ces cadeaux, d'usage en Chine en retour de l'offrande du tribut, furent naturellement envisagés à Versailles tout autrement.

2. Cf. Belevitch-Stankevitch, *Le goût chinois*, 71 et 95.

3. En particulier le soi-disant Bouvet de la Touche donne in extenso des textes intéressants sur la question des rites (M. Madrolle ne les a pas reproduits) ; les trois relations permettront

des renseignements qui permettent de compléter et de rectifier les informations dont on disposait jusqu'ici. Je ne puis entrer ici dans un examen détaillé de toutes ces biographies, mais à titre d'exemple, et puisqu'on s'attache aujourd'hui à suivre à la trace les Européens qui ont fait œuvre d'artistes à la cour mandchoue, je tâcherai de préciser la carrière chinoise du peintre modénois Gherardini [1].

J'ai parlé plus haut de la relation du premier voyage de l'*Amphitrite* achevée par Giovanni Gherardini à Canton le 20 février 1699, sous forme d'une lettre adressée au duc de Nevers. De l'*Avertissement* mis en tête par les éditeurs, il résulte que le duc de Nevers, « qui avait connu son habileté en Italie », avait fait venir l'artiste en France quelques années avant 1700. Entre son arrivée en France et son départ pour la Chine le 6 mars 1698, Gherardini avait décoré l'Église des Jésuites de Nevers. Il achevait de décorer la Bibliothèque des Jésuites de Paris quand Bouvet vit ses travaux et lui proposa de l'emmener en Chine ; d'après l'*Avertissement*, Gherardini « excellait particulièrement » dans la perspective. Par une

de préciser l'histoire du « tombeau » de saint François-Xavier à Sancian ; enfin, dans le *Journal* du soi-disant Bouvet de la Touche, tout ce qui se rapporte à la mission jésuite de Pékin (Madrolle, pp. 140-152) dérive évidemment des renseignements que d'Andigné et Vilette venaient d'apporter à Canton (il y faut joindre d'autres passages du mss., par ex. 12-13, 81, etc., que M. Madrolle a laissés de côté).

1. Il y avait à bord de l'*Amphitrite* un autre « artiste », le frère jésuite Charles de Belleville, Wei Kia-lou en chinois, de qui les *Notices* du P. Pfister (p. 692) savent assez peu de chose : « Français, né en 1656, le fr. de Belleville entra dans la Cie en 1679. Il vint en Chine le 4 Nov. 1698, comme sculpteur et architecte, et il était, disent les catalogues, fort habile dans son art. Ce fut lui qui dessina et dirigea les travaux des deux résidences françaises de Canton, 1701, et de Pékin. Nous ignorons ce qu'il advint par la suite. » Il me paraît assez difficile que Belleville ait travaillé à Canton en 1701, car à cette date il se trouvait à Pékin où Vilette raconte, dans un passage inédit du *Journal* dit de Bouvet de la Touche (j'ai égaré le n° de la page), qu'il était assez souvent brimé par le P. Parrenin ; on a vu en outre (*supra*, p. 259) que Vilette représente Belleville comme peu lettré. Par Froger (p. 84), nous savons que Belleville avait fait le modèle d'une pyramide et d'un « autel en forme de mausolée » pour le « tombeau » de saint François-Xavier ; Froger nous dit en outre (p. 100) que le frère Belleville, appelé de Canton à la Cour en février 1699, devait s'y occuper de peinture, de sculpture et d'architecture « qu'il possédoit parfaitement » ; « il sçauoit outre cela mille Secrets curieux et différens tours de Gobelets qui diuertiront l'Empereur » ; à la p. 116, il est question d'une miniature de Belleville qui fut prise en mains par l'empereur le 10 octobre 1699 quand celui-ci reçut les Jésuites à la bonzerie du Kin-chan, c'est-à-dire sur la célèbre « île » du Yang-tseu déjà mentionnée par Marco Polo ; en outre, « il se fit apporter un Etui de Matematique pour examiner si la perspective de nôtre frere Belleuille étoit selon les regles qu'on luy a expliqueës et parut en être content » (pour d'autres mentions de Belleville dans Froger, cf. encore Voretzsch, pp. 2, 100, 104, 105, 106) ; le soi-disant Bouvet de la Touche (Madrolle, 149) confirme que Belleville « peint les mignatures et fait des dessins » ; il nous montre ailleurs Belleville refusant de travailler le dimanche pour le service du palais. Mais le

faveur rare, un ordre du 30 janvier 1698 dispensa « Girardin » de faire son chef-d'œuvre à l'Académie à raison de son départ imminent pour la Chine [1]. On a vu plus haut que, pendant le voyage, Gherardini ne mangeait pas à la table des Jésuites, mais à la troisième table, celle où Froger s'asseyait

renseignement le plus nouveau se trouve dans Lagrange (*Voyages curieux*, 215) qui, périgourdin lui-même, nomme Belleville « frere exelent sculteur qui a fait cette belle scene des douze apostres du grand autel des iesuites de perigeux morceaux avec ses colomnes dun trauail exquis »; la piste est intéressante pour les antécédents européens de Belleville. L'archiviste de la Dordogne, M. G. Lavergne, m'a écrit ne rien connaître sur la personnalité du frère Belleville, mais, en ce qui concerne son travail de sculpture, a obligeamment appelé mon attention sur un article *L'Autel de l'Assomption dans l'église de la Cité à Périgueux*, par M. Dujarric-Descombes, dans *Bull. de la Soc. hist. et archéol. du Périgord*, XLVIII [1921], 218-228. Cet autel, avec son retable, est en effet l'ancien autel de l'Eglise des Jésuites, et Lagrange est le premier à le décrire assez longuement dans le tome II de ses *Voyages* (cf. *Bull. de la Soc. hist. et arch. du Périgord*, XLIII [1916], 296) ; il y voit « la cène du seigneur avec ses douze apostres » (la « belle scene » du t. I serait-elle une « belle Cène » ?), mais on fait remarquer qu'il se trompe et que c'est une Assomption. Dans son article de 1921, M. Dujarric-Descombes dit que cet ensemble est « unique dans l'histoire de l'art en Périgord » et prononce le mot de chef-d'œuvre. On l'a daté de la fin du xvie siècle ou du commencement du xviie siècle, et M. Dujarric-Descombes le place encore « vers la première moitié du xviie siècle ». Depuis cent ans, on l'attribuait à un Père jésuite Laville, d'ailleurs inconnu, qui aurait passé dix ans ou même cinquante ans à le faire. Mais M. Dujarric-Descombes signale le texte de Jean Faure-Lapouyade qui apprit en 1808, d'un vieil ouvrier, qu'un aïeul de cet ouvrier avait travaillé à l'autel ; d'après la tradition de famille de ce vieil ouvrier, son aïeul disait que tout s'était fait « sous la direction du P. Belleville, jésuite, qui sculptait les figures, les ornements et dirigeait tous les travaux ». L'aïeul racontait encore qu' « un jour le P. Belleville, mécontent de n'avoir pu réussir à donner à la figure de la Vierge l'expression qu'il aurait désirée, trancha la tête à coups de hache, y adapta une pièce de bois et refit les traits »; or la tête de la Vierge est vraiment rapportée. Faure-Lapouyade dit lui-même que c'est de ce récit, qu'il propagea à son tour, qu'est né le pseudo-Père Laville. M. Dujarric-Descombes, qui, sur la foi du Jean Faure-Lapouyade de 1808, corrige en « Père Belleville » le « Père Laville » créé de toutes pièces au xixe siècle et qui a eu autrefois entre les mains les *Voyages curieux* de Lagrange, n'a pas remarqué que Belleville était déjà bien indiqué par Lagrange comme l'auteur de l'autel et du retable ; et Lagrange, qui était Périgourdin et connaissait l'Église des Jésuites et qui par ailleurs a mangé pendant plusieurs mois à la même table que Belleville, a bien dû savoir à quoi s'en tenir sur ce point. Mais une autre conséquence en résulte. M. Dujarric-Descombes ignorait évidemment tout de Belleville et ce nom ne lui a fourni aucun élément de datation. Pour nous, qui savons que le frère (et non le père) Belleville n'est né qu'en 1656 et n'est entré dans la Compagnie de Jésus qu'en 1679, nous conclurons que l'autel et le retable dont s'enorgueillit aujourd'hui l'Église de la Cité de Périgueux ne sont ni de la fin du xvie siècle, ni de la première moitié du xviie, mais de la fin du xviie siècle ; et d'ailleurs on comprend mieux ainsi qu'il ait pu y avoir encore une tradition directe, d'aïeul à petit-fils, chez le vieil ouvrier de 1808.

1. Ce document, daté de Versailles et signé Colbert de Villacerf, a été publié dans *Nouv. archives de l'art français*, 1878, p. 9, et reproduit d'après ces *Archives* dans l'article de Giuseppe Campori, *Un pittore Modenese nella China (1698)*, 9 pages (extr. des *Atti e Memorie delle deputazioni di storia patria dell' Emilia*, N. S., IV, 2e partie, Modène, 1879). L'Avertissement de la *Relation* dit qu'avant son départ pour la Chine, Gherardini eut « l'honneur de salüer le Roy »; il y a sans doute un lien entre cette présentation et l'ordre du 30 janvier 1698.

aussi probablement ; à en juger par sa *Relation*, le peintre n'avait guère le pied marin ; Froger le confirme (p. 74) en constatant qu'il « étoit charmé de quitter la Mer ». Parvenu avec l'*Amphitrite* dans la rivière de Canton et débarqué des premiers le 31 octobre 1698, Gherardini repartit de Canton le 25 février 1699 en même temps que les Jésuites venus avec lui ; lui-même, trois des pères Jésuites et le frère Belleville étaient appelés à la Cour ; les autres missionnaires devaient se fixer dans les provinces. Au début d'avril, les cinq personnes destinées à Pékin parvenaient à deux lieues de Yang-tcheou le jour même que l'Empereur, alors en tournée dans le Sud, en partait pour Tchen-kiang où il s'arrêtait dans le site pittoresque du monastère de l'Ile d'or (Kin-chan) ; c'est là que, le 10 avril, les PP. Bouvet et Gerbillon lui conduisirent les nouveaux venus. Le 12 avril, le P. Bouvet écrivait de Tch'ang-tcheou (au S.-E. de Nankin) : « A l'heure qu'il est je suis auec Mr Gherardini et notre frere Belleuille sur vne Barque ou l'Empereur passe tous les jours vne partie de la journeé : Ils trauaillent tous deux a leur coup d'essay pour la portraiture l'Empereur qui est sensible aux beautés de la Peinture les regarde deja tous deux comme d'excellens Sujets, et Mr Gherardini est aussy enchanté des manieres du Prince » (Froger, éd. Voretzsch, 105). Gerbillon écrivait de même de Sou-tcheou le lendemain 13 avril : « Le Frere Belleuille, et M. Gherardini ont aussy suiuy l'Empereur dont ils ont été receus auec plus de plaisir et d'honneur que vous ne sçauriez vous imaginer. Sa Majesté a temoigné vne satisfaction si grande de les voir et d'entendre parler de leurs talens, que je ne l'ay jamais veu plus content » (Froger, éd. Voretzsch, 106). Une lettre d'un Jésuite jusqu'ici anonyme [1], écrite du Tch'ang-tch'ouen-yuan, c'est-à-dire de l'ancien Palais d'été, au P. de Broissia le 23 août 1699, confirme ces renseignements relatifs à la réception du 10 avril où l'empereur « parut surtout extremement gouter Mr Gherardini quand on luy dit combien il étoit habile » (Froger, 116). La même lettre nous apprend que les voyageurs arrivèrent à Pékin le 13 juin, et ajoute : « Le Pere Gerbillon et Mr Gherardini sont tout a fait au gout de l'Empereur ; il les a fait boire dans sa propre tasse apres luy. Ce prince s'est tout a fait humanisé pendant le temps que Mr Gherardini a fait son portrait en grand et en petit. Il leur enuoya presque tous les jours a manger de sa table ; il y a quelques jours qu'ayant pesché en leur presence, il prit deux plats de poisson a l'Epreuier et il ordonna sur le champ qu'on nous apellât au Palais pour les

---

1. On ne peut hésiter à mon sens qu'entre le P. Pernon et le P. Dolzé.

manger, et ordonna luy même la manière dont il vouloit qu'ils fussent pre-
parez » (Froger, 119-120).

Lagrange, dans ses *Voyages curieux* (p. 292), a un paragraphe sur Gherardini dont la première partie est exacte, mais la seconde est fausse : « Le
Sr Geraldini exelent peintre dans son art que les peres iesuites auoient
engagé de faire ce uoyage tira au naturel toute la famille et les principaux
de la cour imperialle, meme les dames contre lusage ordinaire il sy fit
admirer, mais a cause de la delicatesse de sa sancté il ne fit pas un long
seiour a pekim et voulut sen reucnir en france par la première comodité. »

Lagrange, qui avait quitté la rivière de Canton avec l'*Amphitrite* le
24 janvier 1700, se trompe sur ce dernier point. Gherardini est resté en
Chine plus longtemps qu'on ne l'admet d'ordinaire. G. Campori a repro-
duit une lettre de Gherardini (qui signe ainsi lui-même son nom) écrite de
Pékin en février 1700 à l'abbé Borri, secrétaire du résident du duc de
Modène à la cour de France ; Gherardini y raconte que l'empereur l'a
emmené à la chasse à « 250 lieues » en Tartarie et lui a fait de très grands
honneurs. Bien plus, dans un autre travail (*Artisti italiani ed esteri negli
Stati Estensi*, p. 242), Campori a cité une relation manuscrite écrite de
Pékin par le missionnaire Ignazio Giampè le 18 mai 1704, et qui parle de
Gherardini, alors âgé de 46 ans (il était donc né en 1658), comme se trou-
vant encore en Chine. Ceci est confirmé par un passage de la chronique de
Guiseppe Riva, qu'invoque également Campori ; il y est question d'une
ettre datée du 28 juillet 1704 et où Gherardini, encore à Pékin, se montre
satisfait et honoré par l'empereur.

Les passages du soi-disant Bouvet de la Touche concernant Gherardini [1]
ont été utilisés, bien avant la publication partielle de M. Madrolle, par
Feuillet de Conches dans son article *Les peintres européens en Chine et
les peintres chinois*, pp. 4-8 [2] ; je les reproduis ou les résume ici. En 1700,
l'Empereur donna pour étrennes 50 taels à chaque père français ou portugais et à Gherardini ; chacun des pères donna ses 50 taels pour aider à la
construction de l'église française, et on désirait que Gherardini fît de même,
« mais l'empereur ne le voulut pas » (Madrolle, 88-89) [3]. Parmi les pré-

---

1. M. Madrolle imprime toujours Ghirardini ; le mss. a toujours ou presque toujours Girardini.

2. Extr. de la *Revue contemporaine*, XXV [1856]. Le mss. du *Journal* était alors aux Arch.
Nationales, et Feuillet de Conches l'appelle « le manuscrit de Joly de Fleury », d'après son pos-
sesseur de la fin du xviiie siècle.

3. Sur cette contribution de 50 taels donnée par tous les missionnaires de Pékin, cf. la lettre
du P. Jartoux du 20 août 1704, dans le 9e recueil des *Lettres édifiantes*, p. 378.

sents transmis à Pékin pour l'empereur par le P. Bouvet, les mandarins de la capitale chargés de les examiner au préalable ont refusé « d'admettre le portroit du Roy à cheval, et quy auroit marqué une trop grande égalité ; ce portroit est triste dans la chambre du sieur Ghirardini [1] » (Madrolle, 143). « Le P. Gerbillon… va présentement rarement au palais, s'il n'y est appelé pour servir d'interprète au sieur Ghirardini, peintre italien, qui travaille souvent en présence de l'Empereur » (Madrolle, 146). « Lorsque l'Empereur veut prendre le divertissement de la symphonie, il fait appeler ces deux PP. [Pernon et Pereira] auec le sieur Ghirardini quy joue de la basse, de la viole, et de la trompette marine. C'est quelquefois dans son appartement, mais le plus souvent il les demande dans le lieu ou travaille les ouvriers, et alors les PP. et le sieur Ghirardini ont l'honneur de divertir S. M. à genoux. On dit qu'il les retint un jour dans cette posture pendant quatre heures et que s'estant apperceus qu'ils estoient fatigués, il leur versa de sa main impériale du vin dans une coupe qu'il leur présenta » (Madrolle, 147) [2]. « Le 15 [novembre 1702], le P. Pelisson vint à la maison, et dit que le *tsongto* [*tsong-tou*] luy avoit fait donner avis que le P. Bouvet et M. Ghirardini devoient arriver le lendemain à Canton, pour passer en France en qualité d'envoyés de l'Empereur » ; ce même passage nous apprend en outre que le nom chinois de Gherardini était Nien (Madrolle, 252). Un peu plus loin, le texte soutient que la nouvelle de l'arrivée de Bouvet et de Gherardini était un faux bruit, encore que le P. Pelisson continuât de prétendre que les deux personnes annoncées « devoient

1. Peut-être ce portrait est-il de ceux qui furent ensuite placés dans l'église des jésuites français et dont parle la lettre précitée du P. Jartoux, p. 379.

2. K'ang-hi, comme Louis XIV, aimait la musique. Lagrange, dans ses *Voyages curieux* (p. 292), a une anecdote amusante : « Un chinois nommé uan laoyé de retour de la cour nous aprit les histoires suiuantes que nos peres estans ariues de cantong a pequin inuiterent lempereur a une simphonie dont ils uouloient le regaler, le concert ayant commence, leurs reuerences qui scauoient toucher des instrumens s'armérent, lun dune flutte douce, le 2e dun clauessin, le 3e d'une basse de uiole, le 4e d'un uiolon et le 5e d'un basson, ces diuers instrumens formerent une simphonie discordante de sorte que lempereur après en auoir ouy les commencements senfuit mettant la main a ses oreilles, criant de toute sa force paleo paleo, cela suffit, cest assés, il est bien uray que lors quon nest pas acoutumé a nos concerts ou il se trouue peû d'acords ie ne suis pas surpris qu'un chinois naye pas eut de gouts pour semblable simphonie tout comme nous trouuions la leur redicule apres quoy nos peres musiciens se disperserent dans les eglises dont ont leur donna la charge en des prouinces reculées. » L'histoire, transmise de seconde main et de plus par l'intermédiaire d'un interprète, n'est pas à prendre au pied de la lettre, et la « dispersion » des Pères arrivés sur l'*Amphitrite* se fit sans que ceux qui n'étaient pas destinés à la Cour se rendissent à Pékin ; mais il doit y avoir un fond de vérité, et en tout cas « paleo paleo » (*pa-leao, pa-leao*) signifie bien « assez, assez ».

arriver incessamment » (Madrolle, 257-259) [1]. Les Pères français, désirant
agrandir leur établissement de Pékin, demandèrent un ancien palais démoli
« et se servirent du nom de Girardini pour l'obtenir sous pretexte qu'étant
indisposé il etoit necessaire qu'il eut un lieu pour aller prendre l'air après
avoir travaillé au palais. L'empereur l'accorda » ; les Pères firent de cet
emplacement « un jardin qu'ils joignirent à leur maison » (mss., p. 81 ;
n'est pas dans Madrolle). « Dans ce tems la meme, L'emp[r] informé que
M. Girardini, pour lequel il a beaucoup d'amitié n'étoit pas bien traitté
par les PP. francois chez qui il logeait, le fit sortir de leur mayson et l'enuoya demeurer chez vn mandarin auquel il le recommanda ; il luy donna
pour compagnon le fr. Bodin [2] pour l'accompagner et luy servir d'interprète, les PP. furent allarmez de cet ordre, et craignoient surtout que Girardini n'allat loger chez les PP. Portugais et ont tant fait qu'ils l'ont fait
revenir chez eux » (mss., p. 205) [3].

Quant aux travaux de Gherardini à Pékin, certains furent exécutés pour
la mission française, mais la plupart étaient à l'usage de l'empereur. La
grande église des Jésuites français de Pékin ne fut achevée et inaugurée
qu'en décembre 1703 ; elle est décrite dans la lettre déjà citée du P. Jartoux, écrite au P. de Fontaney le 20 août 1704, et qui contient le passage
suivant (pp. 381-382) : « Le plat-fond est tout-à-fait peint : il est divisé en
trois parties ; le milieu représente un dôme tout ouvert, d'une riche architecture : ce sont des colonnes de marbre, qui portent un rang d'arcades sur-
monté d'une belle balustrade. Les colonnes sont elles-mêmess enchâssées
dans une autre balustrade d'un beau dessein, avec des vases à fleurs fort
bien placez. On voit au-dessus le Pere éternel assis dans les nuës sur un
groupe d'anges, & tenant le monde dans sa main. Nous avons beau dire aux
Chinois que tout cela est peint sur un plan uni, ils ne peuvent se persuader

1. Il semble bien que K'ang-hi avait songé à envoyer de nouveau Bouvet en France, mais
il ne fut pas donné suite à ce projet ; quant à Gherardini, peut-être avait-il désiré alors rentrer en Europe, mais en tout cas lui non plus ne partit pas.

2. Le frère Joseph Baudino était italien comme Gherardini, et relevait de la mission « por-
tugaise » ; il habitait le Tong-t'ang (Froger, 119), mais passait son temps au service du palais.
C'est lui le « Bordin italien » dont M. Madrolle (p. 146) a fait suivre le nom d'un point d'inter-
rogation.

3. C'est là un des on-dit que l'auteur recueillit auprès de d'Andigné et Vilette quand ils arrivèrent de Pékin le 1er janvier 1702 ; et il ne faut pas oublier que les deux « ouvriers miroitiers » croyaient, à tort ou à raison, avoir à se plaindre des Jésuites, à qui d'autre part l'auteur
du *Journal* est irréductiblement hostile. Par ailleurs, il s'agit ici d'un passage ajouté en marge
dans le mss ; le mss. de la Bibl. Nat. n'est pas autographe, mais il serait vain de vouloir en
faire une étude critique sans examiner parallèlement le mss. de l'ancienne École Sainte-Geneviève.

que ces colomnes ne soient droites, comme elles paroissent : il est vrai que les jours y sont si bien ménagez à travers les arcades & les balustres, qu'il est aisé de s'y tromper. Cette piéce est de la main de M. *Gherardini* [1]. »

Au palais, Gherardini peignait, mais enseignait aussi, principalement à de jeunes eunuques que l'empereur destinait aux arts. Matteo Ripa, qui fut le premier en Chine à graver au burin, était arrivé à Pékin le 6 février 1711, et on lit dans ses *Mémoires* : « Obéissant à l'ordre de Sa Majesté, le 7 du dit mois de février, j'allai au Palais, et fus conduit dans l'appartement des peintres à l'huile, disciples d'un certain sieur Gerardino, qui fut le premier à introduire la peinture à l'huile en Chine [2]. » Une lettre du P. Kilian Stumpf, écrite à Pékin le 8 mars 1711, contient en outre le passage suivant : « D[us] Rippa hoc toto mense ab Imperatore permissus est, pingere pro libitu nunc jubetur pingere figuras humanas, et si has ito [*lire ita*] pinxerit, ut discipulos D[ni] Girardini Sinas et Tartaros vincat, aut assequatur, poterit quoque assequi ut inter eosdem discipulos reputetur. Alia quae hactenus pinxit, *xan xui* [*chan-chouei*, « paysages »] rejecta sunt, perspectiuam autem se ignorare professus est coram Imp[re], idque saepius... Si V. A. R. P. experimentum petit veritatis, quaeso roget D[m] Rippa, ut aliquam imaginem sibi pingat pro missione, et oculis videbit me uerum dicere, dum dico illum non omnino ignorare pingere, sed non assequi discipulos D[ni] Girardini, longe minus hunc magistrum [3]. »

Quant aux œuvres que Gherardini peignit lui-même pour l'empereur, aucune n'a été identifiée jusqu'ici. Le nom chinois de Nien, que le *Journal* dit de Bouvet de la Touche nous dit avoir été porté par Gherardini, ne se retrouve pas dans la liste des peintres de Cour, ou plutôt du « Bureau de peinture », de la dynastie mandchoue, telle qu'elle a été dressée en 1816 dans le *Kouo-tch'ao yuan-houa lou* de Hou King, et où on rencontre cependant, pour une époque il est vrai un peu plus tardive, les noms chinois de Castiglione, d'Attiret et de Sichelbart. Mais les textes de Froger et de Lagrange nous ont déjà appris que Gherardini avait peint les portraits de l'empereur et de sa famille, « même les dames, contre l'usage

---

1. C'est bien probablement de ce texte que dérive l'anecdote analogue de John Barrow, *Voyage en Chine*, II, 73-74, que Feuillet de Conches (p. 12) a seule invoquée.

2. *Storia della fondazione della Congregazione e del Collegio de' Cinesi* ..., par Matteo Ripa, Naples, 1832, in-8, I, 386. Les trois volumes de la *Storia* sont loin de reproduire la totalité du manuscrit de Ripa, et en sont plutôt un arrangement ; le mss. original, longtemps à Naples, se trouve aujourd'hui chez les Franciscains italiens du Houpei.

3. Cf. De Vincentiis, *Documenti e Titoli sul... Matteo Ripa*, Naples, 1904, in-4, fac-similé avant p. 143, et texte p. 143.

ordinaire ». Or, dans les notes de Kao Che-k'i (1645-1704) intitulées *P'eng-chan mi-ki*, « *Notes secrètes du P'eng-chan* », on lit le passage suivant sur un incident qui eut lieu le 2 juin 1703 : « Un homme d'Occident a atteint dans ses portraits à la perfection surnaturelle de Kou K'ai-tche. [L'Empereur] me dit : « J'ai [de lui] les portraits de deux de mes concubines, « peintes à atteindre la réalité. Tu es vieux et sers au palais depuis long-« temps ; il n'y a pas d'inconvénient que tu les voies ». Il sortit une peinture et dit : « Celle-ci est Chinoise. » Puis il sortit une autre peinture et dit : « Celle-ci est Mandchoue. » On sait que, sous la dynastie mandchoue, la règle était pour les empereurs de n'avoir que des concubines des « bannières », et aucune d'origine chinoise. Aussi l'excellent érudit qui a publié en 1912 l'opuscule de Kao Che-K'i, Miao Ts'iuan-souen (1844-1919), a-t-il révoqué en doute l'anecdote de Kao Che-k'i ; mais M. Aurousseau (*B E F E O*, XII, ix, 96-97) a fait remarquer qu'il était bien difficile de taxer d'erreur en pareil cas un lettré consciencieux, confident de l'Empereur, et qui a noté l'incident presque immédiatement puisqu'il mourut dès l'année suivante. M. Aurousseau a raison, et la confirmation du texte de Kao Che-k'i nous vient d'une source où on ne se fût pas attendue à la rencontrer. Les Archives des Colonies, C¹17, contiennent une copie du *Journal* de Benoît de Benac, daté de Canton, 19 décembre 1700 ; on y lit entre autres (f°171) que le P. Turcotti a montré à Benac des lettres de Pékin d'où il résulte « que le S^r gerardini se conserue en estime aupres du Roy qu'il Luy fait a present portraire deux Testes de femme une Tartare et vne Chinoise Et que Le P. Gerbillion y assiste pour servir d Interprete au Roy Et a ses femmes ». K'ang-hi, contre la règle ordinaire du rituel de la Cour, avait donc bien, comme l'a dit Kao Che-k'i, une concubine chinoise et l'Européen placé par K'ang-hi et Kao Che-k'i, pour ses portraits, au rang du plus grand peintre de la Chine ancienne n'est autre que Giovanni Gherardini.

Si nous envisageons l'ensemble des textes cités ici et les autres informations qui nous sont connues sur le monde chinois du xviie et du xviiie siècle, nous devons conclure, je crois, que la dynastie mandchoue, comme antérieurement les Wei venus de la Mongolie orientale ou les Mongols gengiskhanides, mit un certain temps à se « chinoiser » complètement. Le jeune Chouen-tche (1644-1661) montrait une véritable affection aux Européens. K'ang-hi (1662-1722), plus orgueilleux, plus capable aussi, se méfiait parfois des hommes, mais appréciait les sciences et les arts d'Occident. Bon lettré chinois, il n'en gardait pas moins le souvenir très présent de ses origines, et se plaisait à parler mandchou. En matière de science, il aimai les connaissances nouvelles, s'initiait aux théories mathématiques et astronomiques et voulait manier lui-même les instruments. Dans le domaine de l'art, il comprit la perspective et goûta la peinture à l'huile [1] ; il n'y a pas à douter qu'il ait eu une admiration réelle pour le talent de Gherardini [2]. L'esprit de K'ien-long (1736-1796) est déjà au contraire purement chinois. K'ien-long garde les Européens pour leur connaissances techniques, mais ne se soucie plus de perspective comme son aïeul K'ang-hi, et les peintres européens de sa Cour, Castiglione, Attiret, doivent « désapprendre » le métier européen, abandonner à peu près la peinture à l'huile et renoncer à ombrer leurs figures pour se rapprocher davantage du goût chinois traditionnel. Aujourd'hui le nom de Castiglione a éclipsé celui de Gherardini ; mais c'est au temps de Gherardini que la peinture européenne trouva à la Cour, et particulièrement auprès de l'Empereur, une appréciation sans réserves [3].

1. Ripa nous parle d'un « appartement des peintres à l'huile » ; nous sommes encore trop mal renseignés sur l'organisation des ateliers du palais sous K'ang-hi pour pouvoir dire comment la section des « peintres à l'huile » était composée. Peut-être les peintures à l'huile ne figurent-elles pas dans les œuvres du « bureau de la peinture » et est-ce la raison pour laquelle Hou King n'en parle pas ; peut-être aussi les œuvres de Gherardini, qui n'a jamais su le chinois, n'étaient-elles pas signées de son nom chinois. En outre les portraits de la famille impériale mandchoue ne sont pas décrits dans les œuvres de Hou King ; les *nouveaux inventaires* nous en apprendront peut-être plus dans un avenir prochain.

2. J'ignore si Gherardini rentra en Europe ; en tout cas il n'était plus à Pékin en 1711 quand Ripa y arriva. Il existe sur Gherardini une dernière source qu'on n'a pas signalée et que je n'ai pas pu utiliser. D'après un passage de la biographie du P. Gerbillon dans les *Notices* du P. Pfister (p. 577), renseigné par le P. J. Brucker, il y a au Public Record Office de Londres, Foreign Corresp. XVIII (China), au milieu de lettres de 1700 et 1701, « plusieurs lettres du peintre Gharardini [*lire* Gherardini] au P. Latteignant à Paris ».

3. L'édition de la *Relation* de Froger due à M. Voretzsch est très soignée ; on peut regretter seulement qu'elle ne reproduise pas les quinze cartes et plans joints au manuscrit et qu'elle n'ait qu'un index des noms géographiques et non des noms de personnes ; c'est toutefois là un progrès sur l'ouvrage de M. Madrolle qui n'a pas d'index du tout. Quelques corrections s'imposent : p. 8, lire « Phelypeaux » et non « Shelypeaux » ; p. 12, « piesses de canon » et non « pierres de canon » ; p. 56, « angoulemers » paraît être pour « angouleuens » (engoulevents) ; p. 84 (et pp. 111, 138), « Turcolti », lire « Turcotti » (bien qu'on ait aussi Turcolti dans Saxe Bannister) ; p. 88, « reunirent », lire « reuinrent » ; p. 89, « tinrent », lire « tirent ; p. 100, « Barborier », lire « Baborier » ; « Le Père », lire « Les Pères » ; « Bernon », lire « Pernon » ; p. 103, « seruit », lire « seruoit » ; p. 113, « Le lieuë en lieuë », lire « De lieuë en lieuë » ; p. 120, « hypocrite » semble être pour « hypocondre » ; p. 122, « ouurieres », lire « ouuriers » ; p. 127, avant-dernière ligne, « trois » ne va pas ; p. 134, un mot « pour » est tombé devant « engager les peuples » ; p. 142, « Mare », lire « Marc » ; p. 150, « Cap Varella fassa », lire « Cap Varella falsa » ; p. 172, « Castrion », et p. 175, « Gastricon », lire « Castricon » comme à la p. 171 ; p. 177, « de pouuoir gagner de determiner » est impossible ; p. 179, « Boossy », lire « Boissy ». Je ne relève pas les fautes d'impression qui se corrigent d'elles-mêmes.

ADDENDA

Depuis la publication du présent travail, j'ai acquis deux séries de documents qui me permettent de le préciser sur certains points. Ces documents sont :

I. Un registre in-folio de 150 folios numérotés, plus 6 ffnch. de table, très soigneusement calligraphié vers 1720 et relié en plein veau ancien de l'époque ; il porte, à l'intérieur du premier plat, l'ancien ex-libris suivant : *Ex Libris ‖ Joannis Baptistae Marduel, ‖ ad S. Nicetium Lugdunensem Vicarii. ‖ Classe. ‖ §. Y. O. 21. ‖ n° ‖* [1] ; passé en Angleterre, le mss. a été mis en vente en 1929 pour £ 2. par Edwards, de qui je l'ai acquis. Le Lyonnais Marduel s'était probablement intéressé à ce mss. à raison de tout ce qu'il contient sur le commerce de la soie. Les nombreuses pièces copiées dans ce recueil se rapportent presque exclusivement aux luttes que livrèrent de 1713 à 1729 les manufacturiers de Lyon pour empêcher l'entrée en France des soies des Indes et de la Chine, mais avec rappel fréquent ou même reproduction de pièces sensiblement antérieures. Je citerai ce mss. sous le nom conventionnel de « registre Marduel ».

II. Une série de documents en copies du début du xviiie siècle ; elles proviennent des papiers de Michel Bégon, l'intendant bien connu de La Rochelle (1638-1710).

Ces documents sont :

1° Cinq lettres de 1699 relatives aux activités marocaines de Jourdan.

2° Une lettre de Canton du 21 février 1699, signée « De Boissy » ; c'est une copie plus complète de la lettre dont il a été question *supra*, p. 28.

3° Une partie d'un récit qu'une main inconnue a qualifié à tort de lettre du P. Bouvet. C'est un récit écrit de Canton très peu après le 12 février 1699 et qui narre les réceptions accordées par les autorités chinoises à de la Roque et à ses officiers.

4° Deux copies d'une lettre de de la Roque à Pontchartrain, non datée, mais qui doit avoir été emportée par de Sabrevois le 1er mars 1699 ; elle est en réalité du 19 février 1699 [2].

---

1. Cet ex-libris est imprimé ; l'indication de la classe est seule manuscrite.
2. L'une des copies porte cette suscription ajoutée à l'époque « Lettre de M. de la Roque

5° Deux copies identiques et un extrait de la lettre de Pechberty et Deu, écrite de Canton le 17 février 1699 (cf. *supra*, p. 42).

P. 7, n. 1. — Quoi qu'on en ai dit, je ne trouve aucune indication précise sur un ou des navires français qui soient allés jusqu'en Chine avant l'*Amphitrite* ; mais certains ont pu le faire, car ils ont navigué au moins sur la côte orientale de l'Indochine. En 1671, un prêtre des Missions Étrangères, Claude Guiart, se rendit du Siam en Cochinchine (= alors la côte d'Annam) « dans un petit vaisseau qui appartenait à un français de Provence » [1]. Par ailleurs il y a aux Archives Nationales, Mar. 4JJ, 129, pièce 2, une *Relation* de 1682, œuvre d'un missionnaire, racontant soi-disant un voyage d'Achen « à Siam et à la Chine », mais qui ne va en réalité que d'Achen au Siam et au Tonkin [2].

P. 21. — A défaut du *Journal* de la Roque, sa lettre à Pontchartrain, écrite le 19 février 1699, nous donne quelques précisions sur son attitude. De la Roque s'y montre plein de gratitude envers le P. Bouvet, et il n'y a pas lieu de douter ici de sa sincérité : le désir du P. Bouvet de faire passer l'*Amphitrite* pour un vaisseau du roi lui avait fait obtenir pour de la Roque, officier de la marine royale, des honneurs auxquels celui-ci ne fut pas insensible. La Roque raconte l'audience du « vice-roi » (c'est-à-dire du gouverneur provincial ou *siun-fou*, non du *tsong-tou*) le 5 février 1699, et après avoir dit comment les missionnaires reçurent les instructions impériales en se prosternant trois fois le front contre terre, il ajoute : « C'est « une cérémonie que les ambassadeurs des Moscovites font [3] à [*lire et*] [4]

écrite de Canton en la Chine Le   mars 1699 a Monseigneur de Pontchartrain » ; le quantième est laissé en blanc. La date du 1er mars est la dernière possible puisque Sabrevois est parti ce jour-là ; mais l'annotateur n'avait évidemment pas de donnée sûre à son sujet, et nous pouvons établir qu'il se trompe de mois. A la fin de sa lettre, de la Roque parle en effet de l'arrivée « il y a deux jours » d'une barque espagnole de Manille ; or nous savons par Froger (éd. Voretzsch, 98) que la barque en question arriva le 17 février ; la lettre de la Roque est donc du 19 février 1699.

1. Cf. *Mémoires de Bénigne Vachet*, dans *Ann. de la Congr. des Mis. Étrang.*, t. I, n° 1 [1865], p. 151. Les *Mémoires* de Vachet ne permettent pas de décider si le passage de Guiart du Siam à la Cochinchine est de la fin de 1670 ou de 1671 ; j'ai indiqué 1671 sur la foi de A. Launay, *Mémorial de la Soc. des Miss. Étrang.*, Paris, 1916, in-4, II, 208.

2. Les mouvements de ce navire seront à étudier en fonction du rôle de Pallu, évêque d'Héliopolis ; je n'ai pas entrepris cette petite recherche.

3. Le récit anonyme de l'audience faussement qualifié de lettre du P. Bouvet note de même que la Chine rendit là « à un officier français qui n'a pas la qualité d'envoyé des honneurs qu'elle venait de refuser à l'envoyé de Moscou qui fut obligé de faire le keou teou, c'est-à-dire de battre neuf fois la terre du front devant le trône impérial ».

4. Mes deux copies sont faites l'une sur l'autre et ont par suite la même faute.

« tous les rois tributaires de l'empire quand ils reçoivent les ordres de
« l'empereur. Le prince héritier n'en est pas exempt. Moi seul, parce que
« j'avais l'honneur d'être officier de Louis le Grand, le plus grand des
« potentats du grand Occident, et chevalier de Saint-Louis — car, Dieu
« merci, Monseigneur, vous me l'avez fait et m'aurez fait aussi capitaine
« de vaisseau, cela est sûr, Votre Grandeur me l'ayant promis, — moi
« seul, dis-je, depuis quatre mille ans que leur monarchie est monarchie,
« en ai été quitte pour fléchir un peu le genou sans l'approcher de terre
« et incliner la tête dans le temps que le vice-roi m'annonçait la parole de
« l'empereur, et pour faire trois révérences à la française du côté du
« Nord comme si l'empereur avait été présent. » Il est évident que la
faveur obtenue du vice-roi par Bouvet était insigne, mais la Roque s'y
complaît avec une suffisance un peu lourde, en même temps qu'on peut
juger hors de propos l'incise rappelant à Ponchartrain la promesse d'un
avancement [1]. En tout cas, le texte confirme, comme d'autres indices nous
l'avaient fait admettre, que la Roque était un client de Ponchartrain.

Dans cette lettre à son protecteur, la Roque se montre doux et paterne
vis-à-vis de Benac ; il a tout fait pour entretenir avec lui les meilleures
relations et est décidé à passer sur toutes les avanies afin d'assurer le succès matériel du voyage de l'*Amphitrite*. Et il ne se plaint pas, mais il note
que « le sieur de Benac, premier directeur, qui est de Bayonne, qui a été
« une bonne partie de sa vie avec les Espagnols et les Portugais, en a
« beaucoup plus les inclinations que françaises, [et,] s'étant abouché avec
« quelques Portugais de Macao, qui sont au désespoir de notre établisse-
« ment à la Chine, chercha querelle au P. Bouvet ». Ou encore, Benac a
« montré tant d'opiniâtreté et de fureur que nous crûmes tous qu'il y
« avait de la folie dans son fait ou quelque intelligence avec les Portugais
« de Macao, qui sont sous cape les plus cruels et les plus dangereux enne-
« mis que nous ayons en ces quartiers, et cependant ses plus chers confi-
« dents ». M. de Benac, au cours d'une discussion sur les présents destinés
à l'Empereur, « répéta ce qu'il m'avait déjà dit en plein Conseil qu'il ne
« se souciait point du service du Roi, qu'il était payé de la Compagnie et
« qu'il ne s'embarrassait pas du reste... Il a été assez imprudent, Monsei-
« gneur, de dire en présence de huit jésuites chez le Père Bouvet, que les

---

1. Le rappel fut d'ailleurs sans effet, puisque la Roque avait été tué en Guinée depuis près
de deux mois quand il fut nommé capitaine de vaisseau le 1er janvier 1703 (cf. *supra*, p. 33). La
croix de Saint-Louis, « que vous m'avez fait avoir », joue à nouveau un grand rôle dans la description du souper offert à la Roque par le « vice-roi ».

« ordres que j'avais n'étaient pas de véritables ordres du Roi, mais de
« vous ». Dénonciations de courtisans déplaisantes de fond et de ton, et
auxquelles on eût préféré un franc réquisitoire, surtout quand on pense
que, derrière des reproches à peine voilés de haute trahison, il y avait
avant tout une querelle de préséance.

P. 28. — Les pièces « marocaines » relatives à Jourdan ont attiré mon
attention sur un épisode de la vie de ce négociant qui m'avait échappé. En
1699, enthousiasmé par les rapports faits à son retour de Paris par son
envoyé « Benache » (c'est-à-dire 'Abdallah ben 'Aïša), le sultan du Maroc
demanda la main de la princesse de Conti, fille de Louis XIV et de Made-
moiselle de La Vallière. La requête parut bouffonne ; la Cour et la ville
s'en amusèrent par des chansons, et un roman s'en empara. Or, Jourdan
avait eu des rapports avec le Maroc dès avant 1699 ; « Benache », pendant
son séjour à Paris, fut reçu chez lui dans une grande intimité, et c'est par
Jourdan que passa la majeure partie de la correspondance de « Benache »
et de son maître avec la France en 1699 et 1700. Mme Jourdan elle-même
intervenait dans ces relations ; dans une lettre du 21 mars 1700, elle écrivait à Benache : « Vous m'avez porté bonheur dans votre prédiction sur
mon accouchement », et ajoutait que son fils avait été « nommé et bap-
tisé Jean-François Abdalla Benache Jourdan » [1]. Mais Jourdan n'oubliait
pas les affaires. Tout en essayant de satisfaire au plus juste prix les demandes
parfois inconsidérées du sultan du Maroc et de ses ministres, il entretenait
« Benache » de ses activités dans la Mer du Sud par le Détroit de Magellan (21 mars 1700), ou lui annonçait le 23 février 1700 la fondation d'une
compagnie nouvelle (« Comme je suis mortel et que je n'ai pas d'enfants
assez grands pour continuer ce commerce... »). Cette nouvelle Compagnie, concernant spécialement le Maroc, était la « Société de Salé », for-
mée le 27 janvier 1700 ; ainsi qu'il était de règle avec Jourdan, elle était en
liquidation en 1703, et, toujours à son habitude, la liquidation, entravée
par des procès, n'était pas achevée en 1710 [2]. Toute la correspondance de
« Benache » et de la famille Jourdan est conservée en copie dans un

---

1. La naissance de Jean-François Abdallah Benache Jourdan n'était d'ailleurs plus toute
récente le 21 mars 1700, car Jourdan l'avait déjà annoncée à « Benache » par une lettre du
1er août 1699. « Benache » et lui avaient fait à ce sujet une gageure, probablement sur le sexe
de l'enfant à naître, et Jourdan payait alors à « Benache » le pari perdu.

2. Quelques pièces relatives à la Société de Salé se trouvent dans Arch. Nat., Col. F²ᴬ 16,
dans une chemise portant « Compagnie de Barbarie ».

registre des Arch. Nat., Mar. B⁷ 223 ; elle y est accompagnée, suivant les cas, de traductions en arabe ou de l'arabe dues à Pétis de la Croix [1].

P. 37, n. 1. — Mes copies de la lettre de Pechberty et Deu portent « un nommé de venper qui fut reconnu par M. Salliot [*autre copie* : M. Saliot] et par le s. Vigaud notre premier pilotte qui dirent etre habille homme et quil auoit esté au seruice de vous autres Mʳˢ a Bengalle » ; je n'ai pas souvenir d'avoir rencontré le nom de Vigaud ailleurs. D'autre part, la lettre de la Roque du 19 février 1699 mentionne qu'à Achen « il vint a bord deux Anglois, dont vn parloit vn peu françois. Cestoit deux excelants pilottes qui auoient fait plusieurs fois le voyage de la Chine, l'un auoit été a Emouy et l'autre a Canton, et tous deux Catoliques ils auoient eté au seruice de Mʳˢ de la Compagnie des grandes yndes, et le S. De Venport auoit dexellantes cartes de toute la Chine, et plusieurs bons Journeaux de sorte que je les engagé par de bons apointemens a prendre party auec moy, et méme leur donnay ma table quoy que dans ce temps jy eusse trente trois personnes ». C'est du même « De Venport » que la Roque parle vraisemblablement à la fin de sa lettre quand il dit que, vu le retard apporté à la vente des marchandises de l'*Amphitrite*, il a songé à passer au retour par l'Est de Java, ce qui donne un mois de délai de plus par rapport au début de la mousson, et que Benac y avait consenti, mais que « depuis peu il [= *Benac*] a changé d'avis, ayant voulu me débaucher mon pilote anglais qui a fait plusieurs fois cette route de l'Est de Java, qui en a de très bons journaux et très exacts, et qui est sans contredit le plus habile pilote des Indes ». Ainsi « De Venport », qui ne prévoyait pas le séjour si anormalement prolongé que l'*Amphitrite* fit à Canton, était resté au service du navire pour le piloter au retour.

---

1. Cet épisode des relations franco-marocaines ne sera étudié que dans le prochain volume de la collection *Les sources inédites de l'histoire du Maroc* entreprise par H. de Castries (2ᵉ série, Dyn. Filalienne, Arch. et Bibl. de France, t. IV). En attendant, on peut consulter Paul Masson, *Hist. des établiss. et du commerce français dans l'Afrique barbaresque (1560-1793)*, Paris, Hachette, 1903, in-8, xxii + 678 pages, à l'index, s. v. Jourdan, et Eugène Plantet, *Mouley Ismaël Empereur du Maroc et la princesse de Conti*, Paris, 1893, in-8, 41 pages, illustré (communic. faite à la Société d'histoire diplomatique le 26 mai 1893 ; à la p. 30, Jourdan y est appelé de manière assez amphibololique « négociant français au Maroc »). Le registre Mar. B⁷ 223, où les traductions (en arabe ou de l'arabe) sont couvertes de ratures, semblerait, à première vue, être celui que Pétis de la Croix établissait au fur et à mesure pour son usage personnel ; quelques notes relatives à des erreurs de traduction du même .Pétis de la Croix devraient alors être considérées comme des additions dues à un tiers.

P. 39 [et cf. p. 28, n. 1]. — Tout comme la copie de la Bibliothèque Nationale, mon texte complet de la lettre de Boissy porte « mon cher frère ». Mais la véritable parenté des personnages est fixée par la lettre de la Roque à Pontchartrain, où il est dit que Benac a « dit des indignités au Sr de Boissy beau-frère de M. Jourdan ». Du ton familier de certains passages (par exemple « votre chère épouse que j'embrasse de tout mon cœur », « le R. P. Premare embrasse votre épouse, tout de bonne volonté et rien par force »), il me paraît probable que Boissy soit le frère de Mme Jourdan, plutôt que le mari d'une sœur de Jourdan. Boissy avait encore une famille nombreuse, car il salue son père, sa mère, ses sœurs, son frère, ses nièces, son oncle et sa tante ; lui-même, à la façon dont il fait faire ses compliments à ses « inclinations », avait laissé en France un roman interrompu qu'il comptait reprendre au retour. De Boissy, d'après sa lettre, avait tenu un Journal détaillé qui est perdu (« Achen, Malac, Poulcondor, Sancian, et Macao, lieux dont je vous parlerai dans mon Journal en vous contant à loisir nos aventures »).

P. 40. — La lettre de Boissy s'exprime ainsi sur Beaulieu : « Mr de Beaulieu qui est enseigne, vous salue, je puis vous dire a sa loüange que c'est un homme infatigable, et tres zélé pour ce qui vous regarde. »

P. 41. — L'origine bayonnaise de Benac est confirmée par la lettre de la Roque (cf. *supra*, p. 69).

P. 44. — Le registre Marduel contient la copie d'une lettre écrite par Dumolin le 9 mars 1714 à Desmaretz, et où on lit (f° 18 v° ; voir la même lettre dans Arch. Nat., G⁷ 1702) : « L'on envoya à la Chine dès l'Année 1698, sur la frégate l'Amphitrite, Gabriel De la Garde ouvrier de Lyon pour le choix des soyes pour resider à la Chine, et qui y a sejourné cinq ans jusques à sa mort. » Ce « Gabriel De la Garde » est le même que le « secrétaire » « La Garde » du premier voyage, et que le « marchand » « de la Garde » qui mourut pendant le second voyage de retour le 25 juin 1703. Mais il résulte de la lettre de 1714 que, contrairement à ce que j'avais pensé, il était resté à Canton avec Benac entre les deux voyages de l'*Amphitrite*. Quant à l' « écrivain » (= Sabattier), il était si peu au service exclusif de la Compagnie de Jourdan que, d'après la lettre de la Roque, Benac l'accusait de « favoriser » la Roque dans les « violences » que celui-ci faisait à la Compagnie.

P. 46, n. 2. — Dans les *Remarques sur un écrit concernant les Chinois* inséré au t. III des *Mém. concernant les Chinois* (ce mémoire de 1775 est souvent attribué au P. Amiot; il est en réalité du jésuite chinois Aloys Kao), on lit (p. 568) qu' « on fait des glaces à Canton » : je manque de renseignements sur l'origine et l'importance de cette fabrication cantonaise du xviiie siècle; si elle remonte au début du siècle, on devra vraisemblablement y voir un résultat du séjour des ouvriers amenés par l'*Amphitrite*.

P. 48, fin de la n. 2 de la p. 47. — La première partie du registre Marduel contient toute une série de pièces relatives à une tentative faite par la Compagnie de la Chine pour envoyer des ouvriers en soie à la Chine par la *Comtesse de Ponchartrain* et le *Brillant*, partant de Saint-Malo en mars sont 1714; la plupart des originaux de ces pièces sont conservés dans Arch. Nat., G⁷ 1702. Ces ouvriers avaient été débauchés de chez leurs patrons par l'offre de 500 livres, plus la nourriture pendant le voyage et le séjour à la Chine (f. 16a); partis à pied de Paris pour Saint-Malo, ils furent empêchés de s'embarquer et durent rebrousser chemin. Les plaintes contre le projet de la Compagnie de la Chine avaient été nombreuses et énergiques, allant jusqu'à dire que, si on laissait ces ouvriers révéler en Chine la façon de préparer nos soies, on « ne doute pas que, dans deux ans, il ne nous en coûte la perte totale de toutes les fabriques du royaume ». Nous avons des précisions sur quatre de ces ouvriers (ff. 16; 18 r° r°, 25 r°, 27r°) : un nommé Font Robert, dont la spécialité n'est pas indiquée; Claude Barberet, d'Avignon, tireur en soie; Alexandre Vidal ou Duvidal, d'Avignon, tireur en soie (ff. 18 r°, 25 r°, 27 r°); enfin, celui qui paraît avoir été considéré comme le principal, Joseph Laudi, Napolitain, moulinier ou tireur en soie.

P. 49, n. 2 et 3. — En voulant justifier le 9 mars 1714 sa tentative d'engagement d'ouvriers en soie pour la Chine, la Compagnie de la Chine, par l'organe de Dumolin, invoquait auprès de Desmaretz des précédents, et en premier lieu l'embarquement en 1698 de l'ouvrier lyonnais Gabriel De la Garde (dont on aurait en ce cas déguisé la vraie qualité). La lettre continue ainsi : « En l'Année 1700, dans le deuxiéme Voyage de l'Amphitrite, l'on envoya Leuier de Lyon et Louis Chaumy ouvrier de Tours, pour resider aussi à la Chine, et ce dernier y est encore. » Naturellement « Louis Chaumy » est le Chomey que je n'ai pu suivre que jusqu'à la fin de 1705,

et qui séjournait donc encore en Chine neuf ans après. Quant à Levier, je
ne l'avais pas nommé, parce que j'ignorais quand et comment il était venu
en Chine, mais son nom se retrouve ailleurs : dans une lettre du 20 décembre
1700, Benac marque qu'il a envoyé Levier négocier à Achen (Arch. Col.,
C¹ 17, 175), et Saillot écrivait de Madras le 28 février 1701 qu'en passant
à Malacca, il avait appris que Levier, « commis » de la Compagnie, était à
Atchen, pour y vendre le reste de la cargaison. Il faut avouer que Chomey, « premier marchand » à Canton depuis la fin de 1702, et Levier,
envoyé seul à l'étranger pour vendre une partie de la cargaison, ne semblent
pas avoir été de simples ouvriers, et peut-être la Compagnie invoquait-elle,
pour ses embauchages d'ouvriers soyeux en 1714, des précédents plus appa-
rents que réels. On notera seulement que le départ possible d'ouvriers en
soie soulevait une émotion que l'envoi de miroitiers en 1698 n'avait pas
provoquée ; le risque de la concurrence était tout autre. Le commerce de
la Chine était d'ailleurs mal vu à ce même moment. En octobre 1714, un
court mémoire intitulé « Sentiment des députés au Conseil du commerce
sur le commerce de la Chine », après avoir déclaré que la Chine n'achète
guère de nos produits et que les siens nous sont inutiles quand ils ne nous
sont pas dangereux par une vente en contrebande, conclut par ces mots :
« Pour toutes ces considérations, les députés au conseil du commerce
estiment que le commerce de la Chine est non seulement inutile, mais rui-
neux, et très préjudiciable à l'État, et qu'il convient à son intérêt de l'in-
terdire absolument [1]. »

P. 49, fin du § V. — Le P. Prémare devait connaître assez bien la
famille de Jourdan ou celle de sa femme, à en juger par les termes de la
lettre de Boissy citée *supra*, p. 72.

---

1. Arhc. Nat., G⁷ 1702, registre, ff. 49-51.

TABLE DES MATIÈRES

MACON, PROTAT FRÈRES, IMPRIMEURS. — MCMXXX.